Cahiers

Titolo originale: *Lebensrückblick*

Traduzione dal tedesco di Uta Olivieri

I edizione Cahiers: settembre 2020
I edizione: settembre 2015

Castelvecchi è un marchio di Lit Edizioni s.a.s.
Via Isonzo 34, 00198 Roma
Tel. 06.8412007
info@castelvecchieditore.com
www.castelvecchieditore.com

ristampa	anno
8 7 6 5 4 3 2 1	2020 2021 2022

Lou Andreas-Salomé

RICORDANDO LA MIA VITA

Traduzione di Uta Olivieri

CASTELVECCHI

I. L'esperienza di Dio

È indicativo: la nostra prima esperienza è una perdita. Poco prima eravamo un tutto, un'entità indivisibile, ogni forma di esistenza ci era inseparabile. Ed ecco che a un tratto, costretti a nascere, non diventiamo altro che una particella residua dell'essere la quale, da quel momento in poi, deve sforzarsi di non subire nuove limitazioni per conservarsi nel mondo sempre più vasto che le si erige dinanzi, quel mondo nel quale cadde dalla sua pienezza cosmica.

Così, in un certo senso, la prima esperienza che si vive è del passato, un rifiuto del presente; il primo «ricordo», come lo chiameremo più tardi, è nello stesso tempo uno shock, una delusione per aver perduto ciò che non c'è più e insieme il persistere della consapevolezza, della certezza che dovrebbe esserci ancora.

È il problema dell'infanzia, ma è anche il problema di tutta l'umanità primitiva che, nonostante una maggiore presa di coscienza, continua ad avere l'impressione di appartenere all'universo: come in una straordinaria favola dell'intramontabile partecipazione all'onnipotenza.

L'uomo conserva un fondo di incredulità di fronte alla validità generale del mondo esterno, che un giorno sembrava essergli inseparabile, uno e medesimo con lui, e tende continuamente a superare la frattura creatasi nella sua coscienza con l'aiuto della fantasia, sebbene questa sia, a sua volta, costretta ad adeguare il modello delle sue correzioni divine al mondo esterno, man mano che aumenta il grado della recettività umana. A queste continue sovrapposizioni e accostamenti, a questo sdoppiamento fantastico escogitato per celare i grandi enigmi che avvolgono l'umanità, l'uomo ha dato il nome di Religione.

È quindi possibile che un bambino, di ieri o di oggi, che si trovi inizialmente circondato dalla fede dei genitori come da verità acclarate, accetti la fede religiosa con la stessa istintiva spontaneità delle percezioni sensoriali. Infatti proprio nei primi anni di vita, quando la facoltà di discernimento è minima, continua a persistere la tendenza primitiva a non considerare nulla impossibile e a ritenere più probabile ciò che è più estremo. Tutti i superlativi trovano un magico punto d'incontro nell'animo umano, come se fossero le premesse più naturali prima che l'individuo venga definitivamente logorato dalla mediocrità e dalle discriminazioni del reale.

Non bisogna credere che un bambino, che non subisce tale influenza religiosa, non passi attraverso questa prima fase: il dominio del desiderio è indiscusso a causa della facoltà di discernimento ancora insufficiente, per cui ogni reazione infantile ha origine nella sfera dei superlativi. Infatti, inizialmente la nostra «appartenenza all'universo» non cede il posto alle facoltà razionali senza che gli oggetti del nostro primo affetto o della nostra prima ribellione siano trasfigurati oppure deformati, assumendo dimensioni gigantesche, simboli dell'essere un tutt'uno cosmico. Si può asserire che quando le circostanze temporali – siano esse presenti o future – tendono a ridurre quest'esperienza al bambino, e quindi a delimitare le conseguenti delusioni chiamandolo troppo presto all'obiettività di giudizio, c'è il pericolo che la pulsione fantasmatica, che precede la nostra vigilanza razionale, si accumuli in modo anomalo, per vendicarsi poi nei confronti del reale, assunto con troppa intransigenza; che il soggetto, esposto a una tale spinta di recupero reattivo, sia portato a rinnegare o a «saltare» i valori razionali.

C'è da aggiungere però che l'educazione religiosa troppo intransigente libera nel bambino normale una crescente carica critica nei confronti del reale, paragonabile all'esclusiva predilezione per il mondo delle fiabe che cede poi il posto a un maggiore interesse per la realtà. Se ciò non avviene lo sviluppo sarà inibito, cioè vi sarà discordanza fra l'istinto di vita e ciò che esita a volersi esporre ai suoi condizionamenti.

L'abisso invalicabile che con la nostra nascita si è aperto fra mondo e mondo – fra due modi d'essere nel mondo – rende ancora più desiderabile l'esistenza di un'istanza mediatrice. *Nel mio caso*, i conflitti della prima infanzia possono aver accelerato il processo di regressione per cui, dalla raggiunta integrazione delle facoltà razionali, si ritorna alla vita fantasmatica; tale ritorno implica necessariamente il dover lasciare o addirittura tradire i genitori e il loro punto di vista per accedere a una nuova interezza dell'essere abbandonandosi a una forza superiore e divenendo, al contempo, per mezzo suo compartecipi all'onnipotenza.

Figurativamente parlando è come se ci si fosse spostati dal grembo dei genitori che pure, a volte, bisogna abbandonare, nel grembo di Dio, paragonabile a quello di un nonno, che avendo le tasche piene di doni, ne elargisce a mani aperte; proprio con questo atto ci rende onnipotenti, quasi quanto se stesso, anche se meno «buoni»; lui infatti non è che l'integrazione di entrambi i genitori in cui il calore del grembo materno si unisce all'assoluto potere paterno. Nel momento in cui si arriva a discernerli in una sfera affettiva e in una sfera di potere, si produce la prima immensa frattura nel nostro piacere primitivo che era amorfo, perché esente dal desiderio.

Da dove deriva però all'uomo la capacità di assumere il prodotto della sua fantasia come incarnazione del reale? Certamente ciò è possibile nel momento in cui riconosciamo il mondo esterno, il «fuori da sé».

Questa è indubbiamente la ragione principale per cui l'invisibilità di questa terza forza, la sua superiorità anche rispetto ai genitori, disturba così poco, perché, in ultima analisi, anche i genitori accedevano al tutto solo per mezzo di questo terzo. Tutti i credenti lo sperimentano. Nel mio caso vi si aggiunge una ragione secondaria, cioè la strana faccenda degli specchi. Nello specchiarmi, mi stupivo sempre di percepire così nettamente che io ero solo *quello* che vi vedevo riflesso: così limitata, compressa quasi, esposta al pericolo continuo di *cessare di esistere* da un momento all'altro. Se non mi specchiavo, questa sensazione era meno precisa, ma continuavo inconsciamente a rifiutare il fatto di non essere compresa nel tutto, di esserne anzi sradicata e annullata. Questa reazione mi sembra, a ritroso, abbastanza anomala, soprattutto perché mi pare che non me ne sia del tutto liberata neanche più tardi, quando l'immagine riflessa era già l'espressione di una relazionalità interessata alla propria immagine. Comunque queste prime reazioni hanno contribuito a farmi accettare, senza stupirmene, l'onnipotenza e l'invisibilità di Dio.

Va da sé che l'immagine divina, quale prodotto della sovrapposizione di sensazioni risalenti alla prima infanzia, non possa durare a lungo; del resto anche i nonni muoiono prima dei genitori.

Un piccolo ricordo evidenzia il metodo con cui sono riuscita a tenere i dubbi lontani da me. In un magnifico petardo che mio padre mi aveva portato da una festa di corte immaginavo ci fossero dei vestiti d'oro; quando però appresi che conteneva solo vestiti in carta con le bordature dorate non lo feci più esplodere. Così continuavano ad esserci dei vestiti d'oro.

Anche i regali del divino «nonno» non avevano bisogno di essere visibili perché, incommensurabili di valore e d'abbondanza, erano assolutamente sicuri e per giunta non erano subordinati a *nessuna condizione*, come ad esempio i regali usuali che perlomeno erano legati all'ubbidienza. Infatti, per il compleanno, c'erano dei regali sul tavolo solo perché si era stati bravi o comunque per incitarci ad esserlo. Ora, ero spesso piuttosto cattiva e dovevo fare perfino la dolorosa conoscenza della verga, ma non mancavo mai di lamentarmene con Dio, come di un atto di ingiustizia subita. Lui mi dava completamente ragione, anzi sembrava arrabbiarsi tanto che, a volte, quando mi sentivo particolarmente generosa (cosa che non accadeva spesso) dovevo rabbonirlo dicendogli che forse i miei genitori avevano ragione a servirsi della verga.

L'azione frenetica della mia fantasia avrà certamente portato spesso a delle deformazioni fantastiche anche di avvenimenti quotidiani, che generalmente venivano sorvolate con un sorriso. Un giorno d'estate, a una mia piccola parente e a me, che tornavamo dalla nostra passeggiata, ci fu chiesto: «Bene, cosa vi è capitato?», e io come risposta raccontai un'intera tragedia. La mia piccola compagna, scossa nella sua sincerità e veridicità infantile, mi guardò esterrefatta, poi mi interruppe a voce alta e terribile: «Dici delle bugie». Mi sembra che fu da quel momento che mi sforzai di essere precisa nelle descrizioni dell'accaduto e di non aggiungervi niente, sebbene quest'avarizia innaturale mi dispiacesse molto.

La sera, nel buio, a Dio non raccontavo solo di me; spontaneamente gli raccontavo anche delle storie che però avevano un carattere peculiare. Credo, infatti, che avessero origine nella necessità di aggiungere a Dio tutto il mondo esterno che esisteva nella sua indiscussa ampiezza accanto al nostro mondo segreto. Forse temevo che la nostra relazione particolare mi avrebbe impedito di prendere familiarità con il reale; il materiale delle mie storie era perciò non a caso attinto ad avvenimenti o incontri, realmente avvenuti, con uomini, animali o oggetti; non c'era bisogno di accentuare l'elemento fiabesco in quanto era già implicito nel Dio che ascoltava. Si trattava, al contrario, solamente di convincermi in maniera rigorosa della *realtà*. Il fatto di non poter raccontare niente che l'onnipotente e onnisciente Dio non sapesse già, mi era garante dell'assoluta veridicità del raccontato. Per questo, con mio segreto piacere, iniziavo ogni storia con un: «Come Tu sai».

Solo molto tardi, già verso la vecchiaia, sono riuscita a ricostruire, in tutti i suoi *particolari*, la fine improvvisa di questa relazione pericolosa. L'ho descritta nel racconto *L'ora senza Dio*, che però è deformato rispetto alla realtà in quanto il bambino vi si trova in un ambiente diverso dal mio; forse per poter raffigurare le cose più intime avevo bisogno di una distanza esteriore, anche se minima. In realtà il fatto si è svolto come segue.

Un servo, che d'inverno ci portava in città le uova fresche dalla nostra villa di campagna, mi disse che davanti alla mia piccola casa in mezzo al giardino era arrivata una «coppia» a chiedere ospitalità, ma che lui l'aveva mandata via. Al suo ritorno gli chiesi subito dei due, perché mi preoccupavo che nel frattempo avessero sentito freddo e sofferto la fame. Dov'erano andati? «Non erano andati via», mi comunicò il servo. Allora era sempre ad aspettare davanti alla piccola casa? No, non proprio: col passare del tempo, la coppia aveva cambiato aspetto, assottigliandosi sempre di più fino ad accasciarsi al suolo; e quando una mattina aveva spazzato intorno alla casa aveva trovato soltanto i bottoni neri del mantello bianco della donna e un cappello sgualcito dell'uomo come unico residuo; ma il luogo in cui li aveva trovati era ricoperto dalle lacrime ghiacciate di entrambi.

L'incomprensibilità di questa storia d'orrore non si esaurì nella pietà verso di loro, bensì mi pose scottante il segreto della loro caducità, la fugacità di un indubbio esistente. Qualcosa in me si rifiutava di accettare la soluzione ovvia perché troppo banale, sebbene cercassi con crescente angoscia una risposta a questo problema esistenziale. La notte stessa esigevo una risposta da Dio. In genere lui non doveva occuparsi di queste cose perché per me non era che l'orecchio di quello che lui sapeva già: la sua bocca muta, le sue labbra invisibili dovevano solamente formulare il breve enunciato: «Il Signore e la Signora Neve». La mancata risposta mi precipitò nella catastrofe, che non era solo una catastrofe personale; essa strappò il velo all'indicibile nulla, in agguato dietro ad esso. Il Dio, dipinto su quel velo, non scomparve solo *per me*, ma scomparve da tutto l'universo.

Se analogamente un uomo ci delude, perché ci sentiamo abbandonati o strumentalizzati da lui, ci rimane la possibilità di ritrovarci nella stessa realtà se abbiamo corretto la visuale dalla quale lo guardavamo. Ogni bambino deve passare prima o poi per un'esperienza simile che porta alla frattura fra desiderio e realtà (la diversa intensità di questa frattura non è che un problema quantitativo). Ma nel caso di Dio assume una differenza sostanziale perché con la scomparsa della fede in lui non svanisce la capacità di credere nelle forze dell'irreale. Mi ricordo che, in un particolare momento delle nostre abituali funzioni religiose, in casa fu fatto il nome del diavolo e delle forze del male; e questo mi risvegliò di colpo dal mio letargo. Non era stato forse, alla fin fine, *lui* che aveva provocato la mia caduta dal grembo divino sul quale mi ero sentita tanto a mio agio?

E se era stato lui, perché non mi ero difesa? E non difendendomi, non ero con ciò diventata la sua complice?

Cercando di dare un'idea di questo momento fugace, e tuttavia così impresso nella mia memoria, intendo sottolinearne, a ritroso, *un* aspetto particolare: non che io fossi colpevole della perdita di Dio, ma *complice* sì. Ne avevo avuto sentore prima che accadesse, poiché la sorprendente banalità della causa per cui avevo messo Dio alla prova rende quasi incredibile il fatto che io stessa non avessi trovato la soluzione, non avessi smascherato il Signore e la Signora Neve, a cui proprio i bambini danno vita d'inverno.

Sebbene il nulla che mi si era aperto non giocasse un ruolo importante nella mia infanzia, contribuì però a rendere più difficile il mio inserimento nella realtà, divenuta assenza di Dio. Stranamente però, la perdita di Dio produceva un inaspettato effetto morale: mi fece più docile e ubbidiente (perdendo Dio non mi indiavolavo dunque) probabilmente perché ogni abbattimento attenua la vivacità. Provai un'irrecusabile pietà nei confronti dei miei genitori, a cui non dovevo più dare motivo di dispiacere poiché anche loro erano stati colpiti come me, anche loro avevano perso Dio, *solo che non lo sapevano.*

Per contro vi erano dei periodi in cui cercavo di emulare la fede dei miei genitori appunto perché era da loro che fino a quel momento io avevo ricevuto la certezza di tutto l'esistente. Con grande incertezza, umile e disperata cercavo di piegare le mani per pregare la sera, quasi un grido che si leva dal margine di una grande solitudine verso una indeterminabile lontananza. Ma non riuscii a unire la lontananza con la familiare e fiduciosa vicinanza al Dio di una volta; nonostante la mia umiltà, il tentativo di avvicinamento era un abuso dell'altro, indifferente ed estraneo. Così la solitudine fu accresciuta dalla vergogna di essermi sbagliata, di aver importunato un indeterminabile altro indifferente.

Nel frattempo continuavo a raccontarmi le mie storie prima di addormentarmi. Come prima, il materiale veniva tratto dagli incontri e avvenimenti della vita di tutti i giorni, sebbene avessero subito un cambiamento decisivo per la mancanza del destinatario. Per quanto mi sforzassi di caricare i personaggi del maggior numero di dettagli reali possibili o di manovrare i loro destini come meglio potevo, essi cadevano ineluttabilmente nell'ombra. L'esistenza delle storie prima di essere narrate non era stata legittimata da Dio e poi lasciata a me come uno dei doni delle sue grandi tasche. La loro autenticità era scemata dal momento in cui non le ricevevo più come dono, e la certezza del «come Tu sai» era cessata. Diventavano fonte di preoccupazioni inconfessate, come se, inermi, le rigettassi nel caos della vita dalle cui impressioni li avevo tratti. Mi ricordo, anche perché mi è stato raccontato spesso, che malata di morbillo e febbricitante fantasticavo delle tante persone delle mie storie, raffigurandole come senza tetto, affamate, abbandonate e tradite da me. Infatti nessuno, al di fuori di me, poteva orientarsi fra di loro perché dal loro completo smarrimento niente avrebbe potuto riportarle nella protezione in cui le avevo radicate tutte. Per questa ragione forse ero portata spesso a collocare impressioni diverse in un'unica persona; un ragazzo incontrato oppure un vecchio, un germoglio o un grande albero, mi rappresentavano età diverse di una stessa persona o cosa, come se fossero unite da un segreto vincolo naturale. La crescente abbondanza di materiale cominciava tuttavia a richiedere sforzi mnemonici eccessivi; iniziai allora ad aiutarmi con brevi annotazioni per districarmi in questa rete d'impressioni, intessuta via via di fili sempre più aggrovigliati. (Probabilmente ho seguito quest'abitudine anche più tardi nella stesura dei miei racconti, come ausilio per cogliere legami latenti).

La preoccupazione per i personaggi delle mie storie infantili non era di natura materna, come forse si poteva presupporre in una bambina. Già quando giocavo con le mie bambole era stato sempre mio fratello, di tre anni maggiore, a metterle a letto e a riportare gli animali che ci erano serviti nelle loro stalle. Per me non erano che dei semplici strumenti che, a gioco finito, avevano esaurito la loro funzione. Stranamente, l'agire di mio fratello mi sembrava riconducibile a una maggiore carica fantastica.

Questo stato di cose è difficilmente descrivibile, nonostante la sincerità autobiografica. Forse un dettaglio concreto è adatto a estrinsecarlo di più. Sopra il mio letto era stata appesa una cassettina che conteneva dei versetti biblici, precisamente cinquantadue. Quando arrivai alla citazione dalla Prima lettera di san Paolo ai Tessalonicesi, lasciai questo versetto in vista per tutto l'anno: «Vivere in pace, attendere alle cose vostre e lavorare con le vostre mani» (4,11). Non avrei potuto indicare la ragione della mia fissazione su queste parole. Ma se ho conservato questa cassettina, l'ho fatto perché mi fa rivivere la sensazione infantile di essere rimasta orfana dopo la perdita di Dio e la conseguente rassegnazione totale a questa perdita. Il testo così poco infantile di questo passo biblico mi ha accompagnato per tutti gli anni del mio estraniamento da Dio, non solo perché non volevo disfarmi della cassettina, come ricordo dei miei genitori, ma perché mi ci affezionai proprio in quanto conteneva questo passo. Dopo essermi trasferita all'estero mi fu spedita insieme ad altre cose e fu Nietzsche che, dopo avermene sentito parlare, propose di sostituire il passo biblico con la citazione di Goethe: «Non restare nella mediocrità!».

Le impressioni infantili riportate qui possono forse essere considerate un caso eccezionale e straordinario per la loro precocità perché, come ho già detto, avevano origine probabilmente in una regressione nei fantasmi della prima infanzia, oppure in una permanenza troppo prolungata in questa fase; la concezione di Dio, nata da lì, si opponeva a qualsiasi possibilità di razionalizzazione, per cui, una volta superata questa fase, era destinata a frantumarsi in maniera più violenta e irrecuperabile del solito; sembrava di nascere per la seconda volta e l'atto stesso di rinascere ci immetteva per sempre nell'obiettività del reale.

Il ricordo delle mie prime lotte religiose mi fu risvegliato a diciassette anni dall'esterno, e più precisamente dalle lezioni di dottrina, impartitemi dal pastore evangelico-riformato Hermann Dalton. In questa occasione qualcosa in me prendeva le difese del Dio ormai sbiadito della mia infanzia, contro le spiegazioni razionali e il dogmatismo del mio maestro di dottrina, perché il Dio della mia infanzia non ne aveva avuto bisogno. In un moto di ribellione segreta rifiutai le prove della sua esistenza, i suoi doveri, la sua ineguagliabile potenza e bontà; mi vergognai quasi che lui, sorto dalla profondità dei miei ricordi infantili, dovesse ascoltare tutto ciò stupito e meravigliato; agendo così mi parve di prendere le sue difese.

Di fatto, il problema della mia cresima fu risolto nella maniera seguente: dopo che mio padre si era ammalato e che io, dietro consiglio di Dalton, avevo iniziato un secondo anno di dottrina per non creare inutili agitazioni con la mia uscita dalla chiesa, mi convinsi ciononostante a compiere il passo necessario di uscirne ufficialmente, e questo contro la mia convinzione razionale di provocare degli scombussolamenti peggiori di quanto non avesse potuto fare la mia perseveranza nella finzione. Infatti, un adeguamento puramente formale non avrebbe suscitato né scandalo né dolore alla mia famiglia. Il fattore decisivo non è stato un eccesso di verità, ma un dovere istintivo, sordo a qualsiasi convincimento razionale.

Nel corso della mia vita ho approfondito gli studi filosofici e teologici perché me ne sentivo particolarmente attratta; ciononostante, non avevano nessuna relazione con la mia religiosità infantile né con il mio allontanamento dalla fede, avvenuto dopo. La mia religiosità infantile non è mai stata risvegliata razionalmente, come se non ci fosse stato posto per essa nella riflessione adulta. Di conseguenza, tutte le discipline razionali, anche quella teologica, non erano per me che espressione di interessi *razionali*, impossibili ad essere contaminati dalla sfera emozionale. Se ciò fosse accaduto, forse mi sarei decisa ad abbandonare questi studi come avevo abbandonato le lezioni di dottrina. Spesso però ero portata ad ammirare coloro che nella razionalità trovavano una specie di compensazione spirituale del loro passato religioso, riuscendo a recuperarlo alla loro maturità intellettuale. Per questa via non solo crescevano razionalmente su se stessi, ma riuscivano anche a imparare tutta la lezione di vita meglio di quanto non mi fosse mai riuscito; io, al contrario, la imparavo solo a stento e con molte esitazioni, come se le materie e le discipline di cui si occupava fossero completamente diverse dalle mie. La più grande attrazione nei confronti di persone vive o morte che si dedicavano anima e corpo a queste materie razionali era sempre stata costituita per me dalle persone stesse. Nonostante la loro superficialità nella formulazione filosofica di questi problemi, gli si leggeva in faccia che *Dio* era stato la loro prima e ultima esperienza in senso esistenziale. Infatti che cos'altro gli è paragonabile come contenuto di vita? Non ho mai cessato di amarle di un amore che cerca di penetrare nel cuore degli uomini laddove si decide il destino di noi tutti.

Alla domanda però di come sia riuscita, nonostante la mancata realizzazione di una siffatta compensazione, a distinguere fra desiderio e realtà, fra emotività e conoscenza nel corso del mio sviluppo, e in che modo l'esperienza religiosa della mia prima infanzia mi abbia posteriormente influenzato, potrei rispondere con tutta sincerità che ciò è avvenuto per il negativo della perdita stessa di Dio. Anche se la struttura superficiale del mondo e della vita fosse mutata, la struttura profonda rimaneva caratterizzata da un non-essere, dall'ineluttabilità dell'universo abbandonato da Dio. E proprio la natura prettamente infantile della concezione divina fa sì che essa non possa essere in nessuna maniera compensabile o recuperata. La precocità della perdita di Dio gli conferiva, accanto alla risultante negativa, un valore positivo, quello cioè di avermi esposta irrevocabilmente nella vita reale che mi circondava. Sono certa che, dopo aver esaminato tutta la mia vita, le compensazioni di Dio, risultanti da una mescolanza del razionale e dell'emozionale, mi avrebbero solo ostacolato, fuorviato dalla meta, nonostante debba ammettere che altri ne sanno fare un uso diverso, ricavandone un progredire su se stessi che io non ho mai raggiunto in questa misura.

Quale effetto positivo su tutta la mia vita ne è risultato un atteggiamento di fondo, che allora cominciava a formarsi e che non mi ha mai abbandonato, quello cioè di sentire un'incommensurabile solidarietà d'essere con tutto l'esistente, non tanto inteso come sentimento rivolto a un oggetto, quanto piuttosto come un'entità esistenziale, sensibile non solo all'umanità, ma comprendente nella sua illimitata disponibilità perfino la polvere cosmica; e proprio per questo non suscettibile di mutamenti per mezzo di valori umani nel corso della vita. Infatti niente può giustificarlo, così come né la morte né la distruzione possono sminuirne l'importanza, rivelando al massimo la mancanza di questo fondamentale *rispetto* di fronte all'impeto dell'esistenza stessa in cui l'essere si identifica con noi in ciò che «è».

Con la parola *rispetto* mi è scappato un indizio in cui facilmente si può ravvisare un residuo emotivo della mia relazione infantile con Dio, poiché per tutta la mia vita nessuna esigenza mi è stata più spontanea e connaturale di quella di portare rispetto. Solo in secondo luogo ne derivava il rapporto con una cosa o una persona. Infatti questa parola mi sembra solo una seconda denominazione per la portata universale di ogni destino che comprende, senza distinzione, l'importante e l'insignificante, conferendo loro uguale valore. In altre parole: ciò che è comprende in sé ogni volta l'impeto di tutta l'esistenza come se fosse il tutto. Infatti il fervore di ogni nostro legame con l'esistente non è immaginabile *senza* che gli sia insito un profondo rispetto per esso, fosse anche nascosto sul fondo sconosciuto e invisibile delle nostre emozioni originarie.

Anche in quello che mi accingo a narrare si trova questo profondo rispetto; *esso* è forse, nonostante le tante parole spese per descrivere quel che gli accade intorno, il vero soggetto che informa di sé in modo implicito il contenuto.

Devo confessare, anche a costo di sembrare contraddittoria, che se l'umanità perdesse questo rispetto per l'esistente, ogni forma di fede, anche la più assurda, sarebbe allora auspicabile.

II. L'esperienza dell'amore

In ogni vita si ripete lo sforzo di rinascere: a ragione la pubertà è stata definita una seconda nascita. Dopo molti anni in cui il bambino ha compiuto lo sforzo di adeguarsi alla vita circostante, cercando di accettarne l'ordine precostituito e l'etica che pure violentano le possibilità della razionalità infantile, con l'avvicinarsi della maturità fisica improvvisamente la natura primitiva vi si ribella con veemenza, come se dovesse assolvere al compito di formare il mondo *ex novo*, indomato e indomabile nell'impeto dei suoi desideri inconsci.

Ogni esperienza, anche la più oggettiva, viene investita di una portata magica che le deriva dalla sensazione che il mondo rinasca come completamente diverso e nuovo, per cui ogni contraddittorietà viene concepita quale incomprensibile equivoco. Siccome però questa premessa provocatoria non può essere protratta fino all'infinito, in quanto presto o tardi siamo costretti a sottometterci al mondo qual è, ricopriamo questo «romanticismo» a ritroso con i veli di una nostalgica visione del passato come di un lago nel bosco al chiaro di luna o di un magico rudere dall'aspetto spettrale. Scambiamo i nostri bisogni inconsci con effusioni sentimentali, che sproporzionate e sterili sono legate a un qualsiasi decorso temporale della nostra evoluzione. Ma di fatto ciò che erroneamente definiamo «romantico» ha le sue radici nella nostra indistruttibilità originaria che altro non è che la forza stessa della vita, che sola è capace di sfidare l'esistente al di fuori di noi, perché profondamente memore del fatto che il di dentro e il di fuori sono riconducibili allo stesso sostrato.

Gli anni di passaggio fino alla maturità fisica, destinati per natura alla maggior parte delle lotte e dei fermenti, sono proprio per questo al contempo particolarmente adatti a ricompensare e neutralizzare eventuali frustrazioni o inibizioni.

Ciò si verificò anche nel mio caso, quando cioè i fantasmi e i sogni infantili si videro intessuti del reale. Una figura reale non li affiancò, ma li sostituì compenetrandoli e divenendo con ciò la realtà per antonomasia. Lo sconvolgimento che la sua comparsa suscitò in me può essere definito come l'unione del più sorprendente, mai ritenuto possibile, con il più familiare, atteso da sempre: l'uomo. Così familiare da sempre, perché incarnazione del sorprendente, era stato *solo* Dio per la bambina, come contrapposto a tutte le limitazioni esterne e proprio per questo realmente «esistente». Gli attributi divini dell'essere contenuto nel tutto e della conseguente superiorità al tutto furono così trasferiti su di un uomo. Ma questo uomo-Dio si presentò per giunta come nemico dichiarato del fantastico e fautore di un'educazione fondata sulla mera razionalità. Gli ubbidivo tanto più appassionatamente quanto più era difficile lo sforzo che dovevo compiere su me stessa. Infatti lui stimolava, mediante l'ebrezza d'amore, la mia collocazione nella realtà (che conteneva in sé e che io da sola non ero riuscita a dominare fino a quel momento).

Questo educatore e maestro che dapprima frequentavo di nascosto, poi riconosciuto dalla famiglia, mi aiutò tra l'altro a convincere i miei ad acconsentire al proseguimento dei miei studi a Zurigo. Così, nonostante la sua severità, elargiva doni come lo aveva fatto nel passato il «divino nonno», pronto a esaudire qualsiasi mio desiderio, come se divenisse padrone e strumento *allo stesso tempo*, guida e seduttore secondo le mie più segrete intenzioni. La mia incapacità di chiudere definitivamente questa relazione amorosa dimostra come in fondo lui non abbia mai del tutto perduto le qualità di essere un sosia, un doppione, un Dio redivivo per me.

Per giudicare il mio comportamento vi sono però alcune attenuanti, fra cui particolarmente decisiva la differenza di età, paragonabile da parte sua all'ultima ossessione e da parte mia al primo risveglio; poi la circostanza che il mio amico era sposato e padre di due figli a me coetanei (cosa che però non mi dava fastidio forse per il fatto che è caratteristica costante di Dio l'essere legato a tutti gli uomini senza che questo escluda la possibilità di una relazione individuale con lui). Inoltre il mio protratto infantilismo, dovuto allo sviluppo fisico ritardato, come spesso avviene nelle donne di origine nordica, l'aveva costretto a tenermi nascosto per un po' di aver già compiuto i passi necessari presso la mia famiglia per la legittimazione della nostra relazione. Quando improvvisamente il momento decisivo mi impose di calare l'ultraterreno sulla terra, non ne ero capace. Di colpo l'adorato mi divenne estraneo. Nel momento in cui l'altro avanzava delle richieste personali, che non solo non coincidevano con le mie, ma anzi le minacciavano tentando di rivolgere i miei sforzi, tesi alla conquista della realtà, contro me stessa per strumentalizzarli, in quel preciso momento l'altro si annullò per me. E infatti mi trovai di fronte *un altro*: qualcuno che non ero stata capace di scorgere chiaramente sotto il velo della divinizzazione. Eppure avevo avuto bisogno di renderlo divino perché potesse produrre l'effetto desiderato su di me al fine di realizzare me stessa.

Il mio amico faceva parte dell'ambasciata olandese. Dall'epoca di Pietro il Grande, esisteva una numerosa colonia olandese e a causa dei marinai che dovevano prestare giuramento, avevano bisogno anche di un teologo. Nella cappella sulla Prospettiva Nevskij si tenevano funzioni religiose in tedesco e in olandese. Poiché il mio amico perdeva molto tempo per la mia educazione, io lo contraccambiavo stendendogli ogni tanto il testo per le sue prediche. Quando le leggeva non mancavo a nessuna funzione, perché volevo sapere a tutti i costi se il suo uditorio si mostrasse sufficientemente preso (era un oratore di prim'ordine). Questa mia attività cessò improvvisamente quando, facendomi trascinare dal mio entusiasmo, scelsi al posto di una citazione biblica il motto: «Il nome non è che fumo». Lui fu ammonito dall'ambasciatore e mi comunicò dispiaciuto l'accaduto.

Siccome i Paesi Bassi si presentavano come quel piacevole Paese in cui lo Stato è completamente diviso dalla Chiesa, le competenze teologiche del mio amico dovevano assumere un'ulteriore importanza per me. Prima della mia partenza per Zurigo le autorità russe mi avevano rifiutato il passaporto perché ero uscita dalla Chiesa. Così, lui mi propose di farmi cresimare in una piccola chiesa olandese in campagna, dove un suo amico era parroco, al fine di ottenere il documento richiesto. Questa strana cerimonia, fatta dietro mie precise istruzioni, in mezzo ai contadini del villaggio una domenica di maggio, ci commosse entrambi perché significava la nostra definitiva separazione, che mi angosciava come la morte. Per fortuna mia madre, che era venuta là, non era in grado di capire nemmeno una parola della predica sacrilega in olandese e neanche le parole finali che erano più adatte a un matrimonio che non a una cresima: «Non temere, ti ho scelto, ti ho chiamato col tuo nome: tu sei mia». (Fu lui infatti a darmi il nome «Lou» perché il russo «Ljola» era troppo difficile a pronunciarsi).

La svolta sorprendente che la mia giovanile storia d'amore prese allora, e che io stessa compresi solo confusamente, mi ha fornito il materiale per il mio racconto *Ruth*, il quale però, rispetto alla realtà, era deformato perché gli mancava la premessa: l'antefatto per cui vi si conservavano i resti segreti dell'identità fra il rapporto con Dio e il rapporto fra amante e amato. Infatti cessai di adorare l'amato così repentinamente come avevo cessato di amare Dio, senza che lasciasse nessuna traccia. La mancanza di questo rapporto ambivalente, e perciò di profondità, conferì alla narrazione toni «romantici», invece di fondarsi sullo sviluppo atipico e represso della protagonista. Ma proprio a causa della maturità fisica non pienamente raggiunta, quest'incompleta esperienza d'amore ha conservato per me una magia irripetibile e irraggiungibile proprio perché la verifica nella vita le è stata risparmiata. Perciò la fine improvvisa, anziché provocare tristezza e dolore come la prematura perdita di Dio per la bambina a cui tanto somigliava, divenne conquista di gioia e di libertà. Ciononostante il legame spirituale con questo primo uomo pienamente reale era destinato a durare nel tempo perché la sua volontà e le sue istruzioni mi avevano aiutato a divenire me stessa e a imparare ciò che solo per mezzo suo riuscii a vivere nella sua completezza.

Se il corso degli eventi di questa storia contiene ovvie tracce di trasgressione, dovuta a un'infanzia non pienamente maturata, la mancata concordanza fra lo sviluppo fisico e psichico ne evidenzia la portata. Il corpo infatti doveva scaricare la pulsione erotica trasmessagli senza trovare compensazioni nel comportamento psichico. Abbandonato a sé si ammalò (emorragie polmonari). Perciò fui mandata da Zurigo nel sud. Più tardi ravvisai in questo un'analogia con gli avvenimenti istintivi per cui, ad esempio, un cane muore di fame sulla tomba del suo padrone, ignaro del perché l'istinto di nutrizione gli sia andato perduto. Sul piano umano però le conseguenze fisiche non rimangono completamente a livello inconscio.

Non solo fui presa da un benessere inspiegabile dopo l'addio, ma perfino la constatazione della mia malattia rimase una preoccupazione estranea alla crescente volontà di vivere che, con prepotenza, si faceva strada e confluiva anche nei versi d'amore – tipici in tali fasi – che allora scrivevo.

Comunque, come proprio i fatti che trasgrediscono la norma ne evidenziano certe costanti, così questa particolare esperienza d'amore dimostra come in genere l'amore per l'altro – senza dover giungere alla sua identificazione con Dio – si sublima nel mito, divenendo il simbolo quasi del miracoloso. Nel suo significato più ampio l'amore vuol dire esigere incondizionatamente tutto dall'altro, dalla prima ebrezza all'esaurimento di tutte le passioni possibili. Il fuori da sé viene lentamente riportato all'essere in sé, sia per le necessità della vita pratica sia per i crescenti doveri nei confronti dell'altro. Ciò non impedisce che i coinvolti – e coinvolti a tal punto – sentono di dover riconoscenza a questa esultanza d'amore, criticata e derisa dalla ragione, proprio perché in essa si inverte la scala dei valori abituali, portando alla temporanea irruzione di ciò che ci è sembrato la condizione più necessaria prima che ci sapessimo districare nella realtà. L'uomo che ha saputo farci *credere* e *amare* è destinato a rimanere l'uomo «regale» nel senso più profondo della parola, perfino se dovesse poi risultare un nemico.

Anche nell'atto sessuale più normale bisogna perdonarci le nostre reciproche esagerazioni benché, in questo modo, ci si esponga al pericolo di confondere in maniera imprevedibile la fedeltà e l'infedeltà. La sintonia dell'irruzione onirica e della prepotente richiesta del reale nei confronti dell'altro, fa dell'amato poco più di un frammento del reale, eppure questo frammento ha la forza di spingere il poeta a scrivere dei versi il cui oggetto si distacca completamente dalle sue abituali correlazioni d'uso nel mondo pratico. Noi siamo tutti dei poeti in misura superiore al nostro essere razionale; nel suo significato più profondo e a prescindere da ogni giudizio di valore, il nostro essere poetico risiede non tanto in ciò che siamo divenuti, quanto nell'irreversibilità del processo che chiama la nostra razionalità alla verifica di ciò da cui essa stessa è solo sorretta e in cui deve cercare di concepirsi individualmente.

Fare l'amore è nuotare insieme assumendo l'altro come il mare che ci sostiene. Per questo l'altro, assurgendo a un'unicità inconfondibile, ci raffigura la nostra origine primitiva e insieme ci confonde e ci fa sperdere nell'infinito. Noi, pienezza cosmica frantumata nell'atto di prenderne coscienza, dobbiamo sostenerci e «sopportarci» l'un l'altro nelle fasi alterne dell'atto sessuale, perché esso ci costringe a dare prova carnale della nostra unità originaria. Ma la realizzazione materiale della nostra verità, apparentemente la sua dimostrazione inconfutabile, non rappresenta che la prova più lampante dell'impossibilità di trascendere la nostra trascendenza, di superare l'insuperabile isolamento del soggetto.

Soprattutto l'amore spirituale può trarci nell'inganno meraviglioso di fluttuare, privi di corporeità, congiunti quasi al di sopra di essa; ma viceversa anche la pura fisicità può portare allo stesso effetto se viene mediata da un oggetto con cui non si contrae altro rapporto che quello fisico. Ha origine da qui la diversa interpretazione dell'eros, inteso da un lato come energia trascinante, dall'altro come forza seducente che sfocia a sua volta nella sessualità oppure nell'amore, concepito come mito a seconda che il soddisfacimento erotico si esaurisca nella pura fisicità, per cui gli si conferisce la stessa funzione del respiro o del nutrimento, o se, d'altro canto, sublimato dalla nostra spiritualità, lo si concepisca estaticamente come il segreto della nostra relazione originaria con tutto l'esistente.

La realizzazione erotica del principio di non-contraddizione può essere pienamente compiuta solo nella sfera animale; al posto dell'antagonismo umano fra dominio e abbandono, soltanto l'istintività pura si presenta come l'insieme di sessualità e libertà. L'uomo solo è scisso (e perciò infedele).

Quale unico residuo dell'istinto primitivo, che si è conservato nell'intricata situazione umana, solo la *fecondazione* e la *maternità* vanno al di là delle nostre decisioni specifiche. (Il fatto che sappiamo tanto poco dell'atto sessuale che rompe l'ordine umano deriva dalla razionalizzazione di tutto ciò che riguarda le nostre correlazioni pulsionali; ma la ragione e il piacere in sé non scavano in profondità). Così subiamo anche la maternità. Al di là di ogni problematica, un forte istinto di conservazione nella donna conferma la continuità della vita, anche quando la pulsione di vita non è stata trasformata nel desiderio personalissimo di far rinascere in sé l'infanzia dell'uomo amato. La mancata realizzazione della maternità esclude infatti la donna dal più prezioso materiale femminile. Ricordo lo stupore di un visitatore a cui nel corso di una approfondita discussione al riguardo confessai, ormai vecchia: «Sa che io non ho mai osato mettere al mondo un figlio?». Sono convinta però che questa presa di posizione non risalga solo alla gioventù, ma molto più indietro, in un periodo in cui il problema della procreazione non era stato ancora razionalizzato. Avevo conosciuto Dio molto prima della cicogna, era lui che mandava i bambini e quando morivano tornavano a lui (chi fuorché Dio avrebbe potuto renderli possibili?). Ora non voglio asserire che la perdita di Dio, così gravida di conseguenze, vi abbia influito in maniera così determinante, però non si può ignorare che il significato di «nascita» cambia radicalmente a seconda che si assuma l'origine della vita nel Nulla o nel Tutto. La maggior parte delle donne dissipa i propri dubbi attingendo, oltre che ai propri sentimenti e desideri, alla legge naturale secondo la quale sono destinate alla procreazione. Infatti nessuno vieta loro di credere a tutto quell'ottimismo convenzionale per cui i nostri figli saranno l'agognata realizzazione delle nostre illusioni fallite. Ma la profonda commozione della procreazione non ha origine in considerazioni né morali né convenzionali, bensì nel fatto che coinvolge la nostra individualità nella creazione stessa, privandoci della capacità decisionale proprio nel momento più creativo della nostra esistenza. Tutte le nostre azioni si fondano sullo stesso inevitabile equivoco per cui ci arroghiamo come nostro ciò che non era che una coercizione. Per quanto la responsabilità dei genitori per i figli possa essere seria e impegnata, essa viene sopraffatta dall'impeto degli avvenimenti, intesi come espressione delle nostre più intime disposizioni psichiche. Sarebbe perciò comprensibile se fra tutti i credenti fosse proprio la *madre* a esigere la fede con maggiore intensità, affinché Dio potesse continuare a esistere magari in un punto *solo*: sulla testa dei suoi figli. Su tutta la terra non esiste una Maria che sia solo la moglie di Giuseppe, senza racchiudere in sé (recipiente e simbolo) anche l'immacolata concezione dell'ultimo segreto di tutto l'esistente.

Al di là del legame personale o sessuale fra due persone, fra le attività dell'eros c'è un'altra, più profonda relazionalità, rara e difficilmente descrivibile, nonché difficilmente comprensibile se trattata in modo vago. Ci si potrebbe arrischiare a descriverla come una specie di analogia con quanto detto sopra. Se immaginiamo una coppia che nell'atto sessuale mirasse esclusivamente alla procreazione, nel momento in cui si trasferisce quest'atto dall'ambito meramente biologico a quello spirituale, si arriverebbe comunque a uno sdoppiamento tra l'immanente e il trascendente, sottratto all'influenza di entrambi. La loro estasi sublimerebbe non già loro, ma il loro desiderio sarebbe rivolto a un terzo, sorto come una visione dal più profondo della loro intimità. Misura ne è non ciò che sono l'uno per l'altro, ma ciò su cui insieme si fondano: solo questo stesso fondamento rende possibile, in ultima analisi, il concepimento.

Non ci sarebbe bisogno di ricorrere a una terminologia quasi oracolistica se non ci fosse il pericolo di confondere tutto questo con il noto concetto dell'amicizia, perché anch'essa, al posto dell'amplesso, fortifica e sublima il suo legame in un terzo, e cioè in una stessa disposizione spirituale o pratica. La differenza che passa fra i due concetti non è solo quella che corre fra una collinetta e la cima di una montagna; essa è di natura sostanziale, paragonabile a due persone che anziché generare dei figli li adottano per il bene comune, per quanto anche questo possa essere un'opera di bene e fonte di felicità. Solo un'amicizia, contratta nei primi anni giovanili, può contenere qualcosa della forza trascinante che qui intendiamo, un'amicizia cioè che si forma negli stessi anni in cui irrompono le grandi capacità creative prima che la maturità fisica attiri su di sé l'attenzione. Che l'amicizia non si esaurisca nel frattempo, che raggiunga la sua piena maturazione, resta un raro destino: la cosa più rara e più magnifica che l'eros abbia creato per l'uomo. Lo straordinario e la vera forza creativa dell'amore e di questa giovanile amicizia consiste nel fatto che l'altro rimane la mediazione umana – un'immagine per così dire quasi trasparente – del nostro più intimo desiderio. Essere amico vuol dire in questo caso vivificare l'unica forza capace di superare le contraddizione della vita, significa essere nella reciproca identità divina, significa condividere l'uno la solitudine dell'altro per approfondirla a tal punto da concepire se stesso nell'altro. L'amico viene a significare colui che ci protegge dal perdere la nostra solitudine, perfino colui che ci protegge *l'uno dall'altro*.

Nei miei anni giovanili molte delle caratteristiche di fondo qui descritte le ho potute riscontrare nel mio primo grande amore, ed è forse per questo che ho osato intraprendere il difficile compito di tentare di descriverle. Di tutti i tre tipi d'amore qui trattati, devo confessare di non essere arrivata alla completezza che forse sarà riuscita ad altri. Ma non è questo che importa, quanto piuttosto comprendere e toccare con mano ciò che è energia vitale nell'amore, apportatrice di un'ineguagliabile carica creativa alla nostra vita.

È come uno che tocca un roseto in piena fioritura e ne esce con le mani piene di fiori. Paragonato all'abbondanza del roseto può sembrare poca cosa, ma una manciata è sufficiente per concepire la fioritura nella sua interezza. Solo se non immergiamo le mani perché sappiamo di non poterci mai appropriare di tutto il roseto, o se spacciamo la manciata presa per la totalità della fioritura, essa sfiorirà al di sopra e al di fuori di noi, lasciandoci nella solitudine della vita non vissuta.

Come, in quegli anni, le mie coetanee abbiano risolto il problema dell'amore e della vita in genere, ne sono informata solo parzialmente. Già allora, senza però rendermene conto, avevo un atteggiamento diverso dal loro. Prima di tutto forse perché avevo superato prematuramente lo stadio del dolce languore d'amore, sospeso fra desiderio e dolore, a causa dell'incontro decisivo con quell'uomo che ha di colpo spalancato le porte della mia vita. Ma quest'esperienza, anziché destare in me la dolcezza femminile, mi impresse un'intraprendenza quasi maschile. E la differenza non sta soltanto qui, bisogna anche considerare che le mie coetanee tingevano gli oggetti del loro desiderio di colori ottimisticamente rosei, non dubitando minimamente che si sarebbero realizzati. Qualcosa come un'esperienza primitiva mi ha messo fin dall'inizio su un piano diverso dal loro, lasciando la sua impronta sulle mie disposizioni naturali. Parlando per immagini, era come se il mio piede, pur avanzando su un suolo coperto di muschio o di fiori, continuasse ad avvertire come ineluttabile la roccia sottostante.

Forse non bisogna prendere troppo alla lettera l'ultima immagine, perché cionononostante mi abbandonavo con gioiosa disponibilità alla vita. Poiché la vita per me significava la cosa amata, aspettata, che mi attraeva con tutta la forza. Ma proprio per questo non era potente, determinante al punto da richiedere sottomissione, era piuttosto pari a me e perciò parimenti incomprensibile. Quando e dove infatti finisce l'eros? Forse anche questo problema doveva essere trattato nel capitolo sull'esperienza d'amore. Con la sua potenzialità di felicità e infelicità, di speranza e di necessità, tutto l'ardore giovanile tendeva alla vita, quasi una condizione psichica senza oggetto che come tutti gli stati d'amore trovava il suo naturale sfogo nella poesia.

III. L'esperienza della famiglia

Come unica femmina e più piccola di tutti ho vissuto la solidarietà con i miei fratelli nell'ambito familiare con tanta intensità da improntare il mio rapporto con tutti gli altri uomini. La mia relazione con questi tre fratelli non solo è rimasta immutata, anzi la crescente maturità di giudizio e la distanza geografica mi ha portato con gli anni a scoprire appieno il loro valore umano, e questo malgrado la mia infanzia si svolgesse nella solitudine della mia fantasia precoce, e nonostante tutti i miei sforzi fossero tesi a combattere la tradizione familiare vivendo fuori e lontano dai miei. Comunque non ho mai conosciuto degli uomini la cui integrità, la cui veridicità o umanità non mi richiamassero il ricordo di uno dei miei fratelli.

Quando mia madre morì a novant'anni, mi lasciarono il doppio della loro parte di eredità, sebbene due di loro fossero sposati e avessero da mantenere insieme quindici bambini e io neanche uno; quando chiesi di voler vedere il testamento, mi risposero che non mi riguardava poiché in fondo ero rimasta la loro sorellina di una volta.

Alexandre, il più grande, chiamato Sascha, è stato per me un secondo padre; dotato di energia e bontà, cercava di essere attivo e di aiutare anche il suo prossimo più lontano come mio padre aveva fatto; aveva uno spiccato senso dell'umorismo e la risata più contagiosa che abbia mai sentito. Quando, a cinquant'anni, ricevetti a Berlino la notizia della sua morte improvvisa, la mia prima ed egoistica reazione fu quella di pensare di essere rimasta senza protezione. Il secondo, Robert, Roba, (il più abile ballerino di mazurka alle nostre feste invernali) era più sensibile e dotato di temperamento artistico; avrebbe voluto intraprendere la carriera militare come suo padre, ma fu destinato a fare l'ingegnere, una professione nella quale comunque si distinse. Il carattere patriarcale dell'ordine familiare di allora fece di Eugène, Ğenja, il terzo fratello, che sembrava nato per intraprendere la carriera diplomatica, un medico contro le sue intenzioni, però con lo stesso successo, perché per quanto fossero diversi, l'assoluta dedizione alla loro *professione*, esercitata da tutti e tre con grande entusiasmo, li accomunava. Ğenja dava prova delle sue capacità come pediatra infatti già da giovane si era occupato di bambini, rimanendo però nel più profondo del suo essere inafferrabile e «diplomaticamente» misterioso. Mi ricordo una volta che, avendomi rimproverato di lottare in maniera troppo aperta contro i divieti, gli tirai dietro una tazza piena di cioccolata calda che però, invece di colpire lui, si versò sul mio collo e sulle mie spalle scottandomi. Mio fratello, sebbene dotato della stessa irascibilità di tutti noi, mi rispose soddisfatto: «Hai visto, questi sono i risultati quando si sbaglia tattica». Molto dopo la sua morte, per tubercolosi a quarant'anni, cominciai a capirlo veramente, e compresi soprattutto perché, nonostante fosse alto, magro e molto bello, riuscisse a suscitare le più grandi passioni nelle donne, ma non si fosse mai sposato. A volte pensavo che il suo fascino contenesse qualcosa di demoniaco a cui di tanto in tanto si mescolava il senso del comico. Ad esempio quando decideva di sostituirmi a una delle feste da ballo che davamo in casa nostra: sulla sua testa, di solito rasata, una parrucca dai bellissimi riccioli, il fisico un po' troppo lungo ed esile costretto in un busto dell'epoca, conquistava la maggioranza dei giovani ufficiali che non sapevano che ci fosse in quella casa una figlia ancora bambina che si teneva lontana da queste feste. A me piacevano solo le scarpe senza tacco, che dalle mie lezioni di ballo portavo volentieri a casa per scivolare sul parquet della grande sala come su una distesa di ghiaccio. Poiché il nostro appartamento di servizio nella Morskaja si trovava in una parte dell'edificio di Stato maggiore alla Moika, scivolare in queste stanze grandissime diventava una delle mie gioie quotidiane. Nel ricordo, continuo a vedermi in questo movimento che era tale da farmi credere l'unico essere su questa terra.

I miei fratelli maggiori si erano sposati presto, già durante le lezioni di ballo avevano scelto la compagna della loro vita; mariti e padri innamorati e appassionati, erano diventati uomini felici e appagati, il cui atteggiamento nei confronti delle loro mogli rispecchiava molto il modo di fare di mio padre nei confronti di mia madre. Mio padre aveva ad esempio l'abitudine di alzarsi quando mia madre entrava, e noi figli fummo involontariamente portati a imitarlo in questo. Vi erano però anche manifestazioni di violenza, dovute al suo temperamento irascibile, che tutti e quattro abbiamo ereditato. La sua ingenuità era totale e si fidava di tutti. Da giovane era aperto a tutti i piaceri del mondo, nello splendore della San Pietroburgo imperiale sotto gli zar Nicola I e Alessandro II, e apparteneva ancora alla generazione di Puškin e di Lermontov da lui personalmente conosciuto quando era ufficiale. Nel matrimonio però aveva subito, insieme a mia madre di diciannove anni più giovane, un profondo mutamento, convertendosi a una religiosità di stampo pietistico tramite l'influenza del pastore scandinavo Iken, che aveva portato lo spirito del pietismo nel moralismo un po' arido delle Chiese evangeliche di San Pietroburgo. Le Chiese evangeliche-*riformate* – quella francese, quella tedesca e quella olandese – costituivano, insieme a quella luterana, una specie di roccaforte della fede per le famiglie straniere, ovvero non cattolico-ortodosse, benché, in tutto il resto, ci si identificasse pienamente con la realtà russa; fu per questo che la mia uscita dalla Chiesa equivalse a un'onta sociale, che ferì soprattutto mia madre. Ero convinta invece che mio padre, morto da poco, avrebbe approvato il mio passo nonostante il dispiacere di vedere sua figlia rifiutare la fede (e nonostante il vincolo particolare che lo legava alla Chiesa tedesco-riformata, giacché era stato lui a ottenere dall'imperatore il consenso per la sua fondazione). Mio padre non parlava mai delle sue convinzioni religiose e solo quando, dopo la sua morte, mi fu regalata quella copia della Bibbia, usata prevalentemente da lui, i molti passi leggermente sottolineati mi fecero scoprire l'autenticità della sua fede. Quello che mi commuoveva nella sua religiosità erano l'umiltà, la «quiete» e la fiducia quasi infantile della sua devozione, stranamente contrapposte al suo dinamismo virile e autoritario.

Per tutta la mia prima infanzia, una piccola tenerezza segreta aveva unito mio padre e me; ricordo vagamente che cambiavamo atteggiamento quando sopraggiungeva mia madre, contraria ad ogni manifestazione affettiva; dopo cinque figli, mio padre aveva appassionatamente voluto una bambina, mentre mia madre avrebbe preferito completare la mezza dozzina di maschi. Dopo la sua morte ho letto in alcune vecchie lettere, indirizzate a mia madre, che insieme ai bambini più piccoli soggiornava all'estero, delle postille come: «Baciami la nostra piccina», oppure: «Si ricorderà del suo vecchio papà?». Quanti soavi ricordi risorsero a queste parole! Ero ancora una bambina quando, non potendo camminare a causa di certi dolori passeggeri, allora chiamati «dolori di crescita», mi regalarono, per consolarmi, un paio di morbide scarpine rosse con un fiocco tutto d'oro. Ero così fiera di troneggiare in braccio a mio padre che finii per pagarne lo scotto; scomparsi i dolori, continuai infatti a fingermi malata, così quel padre tanto affettuoso non esitò, seppur a malincuore, a usare la verga su quella parte del mio corpicino che ormai si era abituata alla molle comodità del suo braccio. Mi ricordo anche delle nostre passeggiate a due d'inverno. Siccome a mia madre non piaceva andare sottobraccio a mio padre, lui era riuscito ad abituare me fin da piccola, e così camminavo a piccoli passi leggeri accanto ai suoi lunghi e calmi. In una di queste passeggiate, incontrammo uno dei tanti mendicanti russi e io, che avevo ricevuto un pezzo d'argento da dieci copeche per imparare ad amministrare il denaro, volevo darglielo. Mio padre mi fece capire che non sarebbe stata una giusta ripartizione; sarebbe bastata la metà, ma questa era interamente e senza parzialità dovuta al prossimo e in nessun caso avrebbe dovuto essere di qualità inferiore a quella che restava, dando ad esempio una moneta di rame e tenendone una d'argento per sé. E con molta serietà mi aveva cambiato il pezzo da dieci in due pezzi d'argento da cinque copeche l'uno.

Nei confronti di ambedue i genitori – almeno così mi sembra ora – mi mancava, paragonato alla stragrande maggioranza dei bambini che conosco, l'estremismo affettivo, sia in ribellione che in amore. Sia ciò che ci univa che ciò che ci divideva era sottoposto a un autocontrollo che lasciava spazio in qualche modo alla libertà individuale. Durante il periodo scolastico, questa libertà era addirittura eccessiva: quando nelle ultime classi, in cui la lingua russa era obbligatoria per tutte le materie, mi lamentavo della mia imperfetta padronanza del russo (tra noi infatti parlavamo o in francese o in tedesco), mio padre mi iscrisse solo come auditrice. Ridendo rassicurò mia madre: «Quella lì non ha bisogno dell'obbligo scolastico». Non so da dove prese questa tenera spregiudicatezza.

Credo che sia stato grazie a questa libertà che il rapporto con i miei fratelli, anche da adulti, è rimasto cordiale e fiducioso. Questo rispetto per la libertà dell'altro significava per me poter tacere, poter restare sola nonostante e in mezzo alla benevola fiducia che mi si dava.

Ricordo un piccolo avvenimento al riguardo. Non ricordo l'età che avevo, ma solo che andavo già a scuola, il che in Russia significava aver oltrepassato gli otto anni. Il nostro cane, uno schnautzer di nome Jimca, prese la rabbia. Poiché capitava per la prima volta, non lo capimmo subito. E quando prima di andare a scuola Jimca, a me tanto cara, mi diede improvvisamente un morso al polso, mi ci misi solo una fascia non sospettando nulla. Tornando a casa il cane non c'era più. La rabbia era scoppiata e Jimca era stata portata al canile in osservazione dove, ancora prima di sera, venne uccisa. Nel frattempo aveva morso anche la lavandaia e il nostro medico di fiducia aveva dichiarato che, poiché erano già passate alcune ore, non c'era più niente da fare (secondo i dettami della medicina di allora). Sebbene avessi un'enorme paura, ancora più forte era il timore di essere sorvegliata e che i miei fratelli potessero credere che, in un bisticcio, li avrei morsi. Per un lungo periodo fui perseguitata da queste angosce, avvertendo anche il sintomo dell'idrofobia e passando le notti in bianco, presa dalla paura di dovermi lavare i denti la mattina dopo. Seppi anche che tutti i cani rabbiosi attaccano il padrone amato prima di chiunque altro. E questo mi fece temere con orrore che, se ero rabbiosa, avrei potuto mordere mio padre, aggredire cioè la persona a me più cara, anche se allora non ero ancora consapevole di preferirlo a mia madre. Quanto siano inconsci i meccanismi infantili lo dimostra un altro episodio della mia primissima infanzia: d'estate mi era spesso concesso di accompagnare mia madre in carrozza al mare per fare il bagno. Attraverso un finestrino nella cabina da bagno la osservavo divertirsi nel bacino sotto di me e una volta la pregai: «Cara muška, perché non provi ad affogare?». Lei rispose ridendo: «Ma allora morirò», al che le gridai con tutta la voce che avevo «Niscevo!» («Non fa niente»). Ma il mio affetto era uguale per tutti e due, forse dovuto alla tenera cavalleria con cui mio padre trattava mia madre e che ai miei occhi la rendeva oggetto dello stesso rispetto. Però, un episodio dell'età dello sviluppo mi fece capire che tale parità di rispetto non era del tutto ovvia. Avevo perso la chiave di una porta, ma prima che i miei fratelli accorressero per aiutarmi, ero già riuscita ad aprirla da sola, senza nessun utensile. Poco dopo, con l'aria trionfante, raccontai l'accaduto a mia madre e alla sua domanda, di come ci fossi riuscita, le risposi: «Con le mie dita». La vedo ancora farsi di pietra rispondendomi: «Io non avrei mai osato rispondere così a mia madre; che tu non l'abbia potuta aprire con i piedi, era da immaginarsi». La guardai come qualcosa di sconosciuto, a mia volta talmente sbalordita da essere incapace di spiegarle come erano andate le cose.

L'intesa fra i miei genitori non aveva bisogno di parole; nonostante la grande differenza dei loro caratteri erano accomunati dalla stessa forza di volontà e di fede; adattandosi continuamente l'uno all'altro, riuscivano a conservare la stessa intensità d'affetto e di fedeltà. Forse entrambi avevano inconsciamente capito che bisognava in primo luogo combattere per tutta la vita le proprie limitazioni, spinti in questo non tanto da considerazioni morali, quanto piuttosto dal desiderio di non fermare mai la propria evoluzione. Il difetto che a tutti e due mancava era la presunzione e quindi la conseguente pusillanimità. Per una natura come quella di mia madre, questo significava mettere la sua indole indipendente e attiva senza molti ripensamenti completamente al servizio del suo essere moglie e madre, perché la maternità era la dignità che Dio aveva conferito alla donna. Di conseguenza esercitava su di sé un ferreo autocontrollo che presupponeva anche negli altri. Altrimenti avrebbe forse avuto la stoffa della rivoluzionaria. Con stupore ricordo un'immagine fugace dei nostri viaggi estivi in Svizzera: appena arrivati, la vedo ancora fermarsi davanti alle nostre camere sul corridoio e guardare tutta affascinata fuori nel cortile dove degli uomini, coinvolti in una rissa piuttosto violenta, avevano tirato fuori un coltello. Non aveva solo un grande coraggio, ma sarebbe stata incline, se non si fosse sottoposta a un severo autocontrollo, a portare le liti e le discussioni fino in fondo. Durante i primi moti rivoluzionari del 1905, ottantenne, si faceva convincere solo con difficoltà a non scendere in strade dove si combatteva, mentre le sue due domestiche, che la servivano con fedeltà, indietreggiavano terrorizzate.

Dopo essere sopravvissuta a mio padre di quarant'anni, le è stato risparmiato di dover assistere alla Rivoluzione d'ottobre. Le famiglie dei miei due fratelli maggiori invece hanno sofferto molto negli anni della Rivoluzione e della guerra civile. Ricevevo notizie lacunose a causa dell'inefficiente servizio postale. Quando Robert, il secondogenito, tornò dalla Crimea, dove aveva sepolto suo figlio minore, morto per una malattia contratta in guerra, si vide privato non solo del suo posto, della casa, della sua proprietà e di ogni avere, ma esposto alla clemenza del suo servo, a cui era stato attribuito il suo piccolo podere, vicino alla capitale. Il servo gli aveva concesso alcune stanze nella soffitta e gli passava un po' di minestra di cavolo se mio fratello l'aveva aiutato nei campi; di giorno andava in cerca di funghi insieme ai suoi nipotini per vincere la fame. Sua moglie invece non è mai riuscita a superare del tutto lo shock di vedere che la contadina portava i suoi vestiti e ne godeva di una gioia ingenua. Ma di tutti i terrori di quell'epoca, che trasparivano dalle rare lettere, non erano questi fatti a commuovermi, a scuotermi di più: era la totalità della rivoluzione che si estendeva anche alla natura umana. Nei suoi racconti di quando la sera l'ex padrone e il servo riposavano insieme, seduti su una panchina e assistendo insieme alla trasformazione del mondo, non era tanto il rovesciamento del rapporto padrone-servo quello che colpiva, quanto piuttosto il terzo uomo che si manifestava in entrambi e al quale accadeva la stessa trasformazione. Il carattere specificatamente russo del contadino vi ha forse contribuito quando mio fratello, apprezzandone le doti naturali, scriveva: «Quanto è intelligente e gentile quest'analfabeta». Ciò che si manifestava qui non si esaurisce parlando di sottomissione da un lato e di repentina presa di coscienza dall'altro: ciò che accomunava i due uomini era la loro posizione marginale in una svolta universale, come se con ciò il loro mondo si fosse semplificato, divenuto macroscopico trascendendo l'individualità e ampliandola al contempo. Tuttavia, al di là dei singoli eventi, quel che più sconcertava era vedere come la profonda unione della nostra famiglia dimostrasse per la prima volta tutta la sua forza proprio nel momento in cui volgeva al tramonto quella realtà borghese da cui essa traeva significato. Non soltanto perché la sventura costringeva a stringersi l'un l'altro come un'isoletta in mezzo ad alti marosi – mentre fino a poco prima, magari, si era stati divisi, come ogni famiglia, da interessi o desideri personali. No, non soltanto per questo. L'importanza dei legami familiari, la gioia e il calore della famiglia che ancora sapevano consolare e sostenere, l'antica poesia di parentele che si custodivano nel sangue, tutto questo, ormai prossimo a scomparire, conobbe la sua ultima stagione, dimostrando una rinnovata vitalità. A ciò contribuirono, sul versante opposto, anche gli spaventosi eccessi di una gioventù improvvisamente abbandonata a se stessa, la diffusa legittimazione della violenza e di ogni forma di brutalità.

Alla nostra vecchia madre la rivoluzione e anche la morte del suo figlio maggiore sono state risparmiate. Abitando sola, ma circondata da figli e nipoti, godette di una felicità indisturbata fino all'ultimo. Il suo più grande fastidio negli ultimi anni era costituito tuttavia dalla sua dama di compagnia che noi figli avevamo imposto per saperla in buone mani, fastidio per nostra madre perché, sebbene questa donna fosse una cara parente, non le era cara quanto la sua solitudine. Benché circondata dalla premura della famiglia, amava molto la sua solitudine e rimase meravigliosamente attiva e operosa fino alla fine. Anche i libri che leggeva non erano che raramente quelli proposti da altri; così per sua iniziativa, già vecchissima, l'opera che le piaceva di più, era l'*Iliade*.

Riassumendo la sua vita fra gli ottanta e i novant'anni, non posso fare a meno di menzionare la grande lotta e vittoria di cui, durante una delle mie visite a casa, mi parlò: aveva mosso guerra al diavolo per distruggerlo e liquidarlo definitivamente prima di morire. Alla mia stupita obiezione se con ciò non avesse anche liquidato Dio, perché la decisione era solo sua, rispose tranquillizzandomi: «Non mi hai capito, ho meditato per anni insieme a Lui. Dio continuerà a esistere e naturalmente allontanerà il diavolo». Però non negava del tutto le cause del suo tardo e intransigente cambiamento d'opinione, il fatto cioè di essersi un po' per volta dovuta convincere dell'irreligiosità di tutti i suoi figli, sebbene i miei fratelli –

con un atto di cavalleria – partecipassero ad alcune cerimonie per far piacere alle loro mogli e anche alla nostra muška. Nonostante ciò non fece mai un'azione di cui si potesse pentire: seguiva il suo impulso immediato per approfondirlo poi razionalmente e metterlo in chiaro fra sé e le circostanze. E anche questo ricordo è un'altra immagine della sua pace interiore: quando la mattina stava seduta per fare colazione, c'era un sorriso nei suoi occhi in cui l'azzurro non aveva perso d'intensità con gli anni. A volte sospettavamo che ridesse di noi; era come se sorridesse al ricordo di un bellissimo sogno per cui alla fine dicevamo scherzando che la nostra muška compensava le sue giornate un po' meno movimentate (perché non ne conosceva di noiose) con il divertimento notturno. Negli ultimi anni in cui cominciò a diventare sorda, si divertiva perfino se delle signore, altrettanto sorde, venivano a farle visita e se tutte quante parlavano senza comprendersi; ridendo ci raccontava poi come ciascuna di loro avesse capito benissimo la risposta sbagliata dell'altra senza imbarazzarsi della propria, altrettanto sbagliata.

Accanto alla lettura, la teneva occupata l'osservazione della natura. Passava ogni estate con intensa gioia e ancora in autunno avanzato parlava dalle finestre del suo appartamento in città con gli alberi sulla strada come con degli esseri umani, oppure osservava il cambiamento di luce nelle foglie. Le sue stanze erano piene di piante, mentre non sopportava gli animali intorno a sé. Invecchiando, ogni oggetto le era di troppo, come se diminuisse la sua solitudine (il suo-essere-sola-con-sé). Si occupava, è vero, di ogni cosa che possedeva con senso del dovere e abilità, ma era contenta se poteva disfarsene regalandola a noi o ad altri. Con l'andare del tempo ci vedevamo costretti a regalarle oggetti simili a quelli che prima aveva regalato a noi, perché non fosse circondata dal vuoto. A me appariva a volte come qualcuno che si libera e che prende il volo regalando a quelli che restano i suoi averi, affinché se ne possano servire come ricordo o per abbellire il nido in cui continueranno a stare; e mi sembrava che da quest'atteggiamento si potesse dedurre l'atteggiamento di fondo nei confronti della vita e della morte: anziché sentirsi derubata dalla morte vi era, al contrario, la sensazione della ricchezza superflua nel momento in cui si sta per lasciare il regno della necessità.

Non posso parlare di mia madre senza tener conto di tutto quello che ha fatto per me, sebbene non approvasse la mia vita da ragazza all'estero e il mio modo di pensare. Infatti l'avevo già delusa quando, al posto del desiderato maschio, ero nata femmina, ma proprio per ripagare questa prima delusione avrebbe dovuto compensarla cercando di realizzare in me il suo ideale di figlia, e invece fece il contrario. Ma perfino nel periodo in cui soffriva maggiormente perché il mio modo di fare cozzava contro i buoni costumi della società, lo faceva in silenzio, mentre di fronte agli altri mi appoggiava completamente: addolorata, ma anche fiduciosa, dava a vedere che la nostra intesa era perfetta, perché le sembrava la cosa più importante per difendermi dalle calunnie altrui. Mentre io passavo quei meravigliosi anni all'estero, non me ne sono affatto resa conto; così poco appariscenti erano queste preoccupazioni materne, che mi rimaneva solo impressa l'intransigente disapprovazione che serbava nei confronti del mio modo di pensare e di vivere. Il mio egoismo mi rendeva immune a qualsiasi pentimento e nostalgia. Alle allusioni, contenute nelle sue lettere, in cui esprimeva il desiderio di vedermi sposata per una mia maggiore sicurezza, rispondevo raggiante che stavo molto meglio nelle braccia di Paul Rée. Solo dopo il mio matrimonio, durante una lunga visita che mia madre ci aveva fatto, abbiamo parlato di questo problema. Uno sguardo sui suoi capelli ormai bianchi mi sorprendeva e nostalgicamente commossa mi chiedevo se non si erano fatti bianchi per colpa mia. E la commozione risvegliò, in un impeto di gioia, l'amore e il rispetto per lei che ora potevano essere realizzati quale fonte di felicità quotidiana per entrambe. Quando a qualcuno che mi conosceva bene parlai di questo rapporto con mia madre, mi disse indignato: «Invece di una gioventù rovinata da pentimenti e nostalgie, l'assenza di questi sentimenti accresce ora la tua contentezza e felicità. È proprio il caso di parlare di *moral insanity*».

Il contrasto maggiore fra il carattere di mia madre e il mio stava in questo: che lei partiva sempre, per una sorte di eroismo, dal senso del dovere e del sacrificio; forse era il suo elemento maschile che, realizzandosi in maniera discreta, rendeva possibile l'espressione inconscia e univoca della sua femminilità. Per *me* le lotte, anche quelle contro me stessa, non hanno mai avuto un'importanza primaria. Sono sempre stata piuttosto arrendevole e indolente, anche nei confronti di ciò che desideravo o esigevo. Semmai preferivo agire realizzando la massima contenuta nel seguente distico: «Il mondo, credimi, non ti regalerà nulla! Se vuoi una vita, prenditela». Ho sempre creduto che una cosa può assumere un valore e una bellezza primaria solo se è *dono*, perché in questo caso contiene nello stesso tempo un secondo dono, quello cioè di sentirsi *riconoscente*. È probabilmente per *questa* ragione che, nonostante le apparenze battagliere, sono stata destinata a diventare una femmina e non un maschio.

Non posso, a questo punto, non riconoscere di nuovo quanto io debba ai miei genitori; fu senz'altro la loro reciproca fedeltà, il loro amore –

l'incanto che li avvolgeva – a rinfrancare il mio atteggiamento di fiducia, questa sorta di *fede* nel dono. Fino a quali profondità possa radicarsi un sentimento simile, incurante degli anni che passano e della saggezza della vecchiaia, è confermato da un piccolo aneddoto abbastanza recente. Un mattino, mentre passeggiavo nel bosco, notai per caso alcune genziane azzurre che mi sarebbe molto piaciuto donare a un'amica malata; non volendo però interrompere certi pensieri che mi ero proposta di approfondire durante il percorso, rinunciai alla fatica della raccolta. Quando, più tardi, stavo ritornando verso casa, mi accorsi con grande stupore del bellissimo mazzo di genziane che tenevo fra le mani, a dispetto del sacrificio che mi era costato distogliere lo sguardo da quei fiori per *non* raccoglierli. Avrei potuto spiegarmi questa sorpresa come un miracolo, oppure ridere della mia «svagatezza», ma non lo feci. Esultante di gioia, mi sentii gridare, a gran voce: «Grazie!».

Ogni anno, o perlomeno ogni anno e mezzo, dall'estero facevo visita a mia madre. L'ultimo addio, prima della sua dolce morte, mi ha lasciato un'impressione vivissima. Andavo da San Pietroburgo in Finlandia per prendere da lì la nave per Stoccolma. Siccome il treno partiva all'alba, ci eravamo salutate a tarda notte. Quando, la mattina, scivolai nell'ingresso cercando di fare meno rumore possibile, mi trovai improvvisamente davanti mia madre: scalza e in camicia da notte, i capelli bianchissimi un po' riccioluti come quelli dei bambini, gli occhi azzurri spalancati, questo sguardo terso che sembrava scrutare tutto, e di cui qualcuno una volta disse giustamente che era meglio non incontrarlo con la coscienza sporca.

Sembrava uscire da un sogno. Non mi disse niente. Si strinse soltanto contro di me, come per trovare rifugio tra le mie braccia.

Quando mai, nel passato, aveva avuto un moto d'abbandono simile? Sembrava quasi che avesse voluto riservare a questo momento la sua intimità, oppure che fosse giunta a questa dolcezza solo negli ultimi anni della sua vita, come il frutto che matura al sole e poi cade.

E forse, nel silenzio di questa dolcezza che finalmente si era liberata, pensammo la stessa cosa, e ci sentimmo trapassare dallo stesso dolore: «Ma perché, perché soltanto ora?». Questo è stato l'ultimo dono di vita che ho ricevuto da mia madre.

IV. L'esperienza della Russia

La nostra famiglia era da parte paterna d'origine francese e tedesco-baltica; ugonotti d'Avignone, siamo giunti probabilmente molto dopo la Rivoluzione Francese e dopo aver vissuto per molto tempo a Strasburgo e attraverso tutta la Germania. Intorno a Mitau e Windau era sorta la «Piccola Versailles» che ho sentito spesso nominare in famiglia durante la mia infanzia.

Mio padre era arrivato a San Pietroburgo ancora ragazzo sotto lo zar Alessandro I, per essere avviato alla carriera militare. Già colonnello, si era distinto nell'insurrezione polacca del 1830; per questo Nicola I gli aveva conferito il titolo nobiliare ereditario russo. Il grande libro araldico, contenente le parole dell'imperatore con lo stemma tedesco, rosso e oro a strisce trasversali, in basso e sopra quello russo, con le due strisce diagonali degli stessi colori, mi è rimasto impresso per averlo sfogliato spesso da bambina. Mi ricordo anche lo spillo d'oro, fatto dietro ordine imperiale in imitazione della sciabola d'onore, dal quale pendevano in miniatura tutte le decorazioni che mio padre aveva ricevuto.

Mia madre, nata a San Pietroburgo, era d'origine amburghese e da parte materna d'origine danese; il suo cognome era Wilm, i suoi antenati danesi si chiamavano Duve ('colomba').

È abbastanza difficile stabilire quale sia stata la lingua che parlavamo appena giunti in Russia. Comunque nella mia famiglia predominava il tedesco, che rimase poi di fatto l'anello di congiunzione fra noi e la patria di mia madre. Sono cresciuta in mezzo alle divise degli ufficiali. Mio padre era generale; durante il servizio civile aveva avuto il titolo di consigliere di Stato, poi di consigliere intimo e infine di consigliere intimo effettivo.

Per ragioni di servizio però rimase anche nello Stato maggiore. Il mio primo amore, a circa otto anni, era il giovane e allora bellissimo barone Frederik, aiutante di Alessandro I, più tardi ministro dell'Economia. La nostra «intimità» tuttavia si è limitata a un piccolo episodio: uscita un giorno sulla grande rampa di scale esterna ghiacciata, mi accorsi che era alle mie spalle e feci finta di scivolare cadendo sul ghiaccio; il cavaliere, precipitandosi in mio aiuto, fece involontariamente la mia fine; seduti l'uno di fronte all'altro sul ghiaccio ai due lati della porta, ci guardammo sorpresi: lui si mise a ridere divertito, io rimasi in un'estasi muta.

Il mondo russo comunque emerge più che da questi ricordi da quelli riguardanti la mia balia. Bella e di grande dolcezza mi era molto affezionata (più tardi fece un pellegrinaggio a piedi fino a Gerusalemme, per cui ricevette «la piccola beatificazione» da parte della chiesa, causa di sfrenate risate da parte dei miei fratelli, ma di profondo orgoglio da parte mia). Le *njanje* russe hanno la fama di avere illimitate doti materne (maggiore rispetto alle loro doti educative), insuperate da qualsiasi madre.

Molte di loro appartenevano ancora alla servitù della gleba, appena liberata. Il resto della servitù, nelle famiglie russe, era un miscuglio etnico: i tartari ed estoni erano preferiti come cocchieri e domestici per la loro totale astinenza dall'alcol; l'ortodossia greca si mescolava al protestantesimo, all'Islam, per cui di conseguenza bisognava usare il vecchio e il nuovo calendario per la quaresima e le paghe. A questo quadro variopinto si aggiungeva, nella nostra casa di campagna a Peterhof, una coppia di coloni svevi che amministravano il podere e che continuavano ad attenersi nel costume e nel dialetto al modello della loro patria, da lungo tempo lasciata. Il vero entroterra russo lo conoscevo appena; solo in occasione di alcuni viaggi presso mio fratello Robert, che come ingegnere si era spinto fino al lontano est (Perm', Ufa), facevo la conoscenza di una società prettamente russa nella regione di Smolensk.

Anche i miei compagni di scuola appartenevano a tante nazioni, sia nella piccola scuola privata inglese che frequentavo all'inizio, sia più tardi alle superiori, dove non imparai nulla. Nonostante ciò, vi avrei potuto fare delle conoscenze che mi avrebbero legata in modo nuovo, e cioè politico, alla Russia. Poiché già allora lo spirito della rivoluzione arrivava fino alle scuole, trovando la sua prima formulazione ideologica presso i Narodniki. Giovani e pieni di vita, non si poteva non rimanerne affascinati, anche perché l'atteggiamento a casa mia, nonostante le ottime relazioni con l'ex zar, era di espressa preoccupazione nei confronti del sistema politico dominante. Tuttavia, il mio isolamento da questi fermenti dell'epoca era dovuto all'influenza incondizionata del mio amico, un olandese, che era stato il mio primo grande amore: il fatto che si sentisse straniero in Russia doveva porre anche me in un atteggiamento di distacco, indirizzandomi verso una meta culturale del tutto individualista, in cui dovevo tendere all'accentuazione dello sviluppo delle facoltà razionali come freno necessario alla mia rigogliosa fantasia. Così l'unico segno del mio interesse politico rimase nascosto nella mia scrivania: una foto di Vera Zasulič, propugnatrice del terrorismo russo che, dopo aver sparato al maggiore Trepov, fu assolta dalla giuria popolare e portata fuori dal tribunale sulle spalle di un popolo entusiasta (bisogna aggiungere che la giuria popolare era stata legalizzata da poco). Durante i miei studi a Zurigo, nel 1881 venne assassinato Alessandro II e gli studenti russi festeggiarono con chiassosa esaltazione facendo delle fiaccolate per la città. Personalmente non conoscevo le mie compagne di studio, quasi tutte iscritte a Medicina. Ero convinta del resto che si servissero dei loro studi prevalentemente come copertura politica del loro soggiorno all'estero. Ma mi sbagliavo, perché queste donne e ragazze, che con dei sacrifici enormi erano riuscite ad essere ammesse al pari degli uomini agli istituti universitari, e che alla loro chiusura da parte delle autorità ricominciavano a lottare per farseli riaprire, non conoscevano cosa più importante che appropriarsi nel minor tempo possibile di una solida capacità tecnica, non per competere alla parità dei diritti con l'uomo, non per ambizione scientifica o per la carriera professionale, ma solo per un unico motivo: quello cioè di poter tornare il più presto possibile in mezzo al popolo russo sofferente, oppresso e ignorante a cui bisognava portare il proprio aiuto. Dalle aule e istituti universitari, un esercito di medici, ostetriche, insegnanti e assistenti sociali di ogni genere si riversava in un flusso ininterrotto nelle regioni più lontane, più sottosviluppate, nei villaggi più abbandonati, dedicandosi con tutta l'anima a quello che era il più forte istinto d'amore. Infatti l'atteggiamento rivoluzionario di ambo i sessi in Russia nei confronti del popolo era quello di figli verso i propri genitori. In senso umano il contadino, malgrado la sua superstizione, l'alcolismo e la sua rozzezza, rimaneva la loro guida ideale, in modo simile all'atteggiamento di Tolstoj a cui solo la società rurale faceva capire il profondo significato della vita e della morte, del lavoro e della devozione. Il loro amore era perciò esente dal senso del dovere e dalla pietà, nel momento in cui racchiudeva tutte le energie primitive della propria vita psichica, mediante la quale l'adulto maturo torna a un'infantile innocenza dell'essere, da cui l'uomo non si distacca mai *completamente*.

Lo stesso atteggiamento si riscontra anche nella sessualità russa, che mitiga le tensioni che nell'Europa occidentale hanno portato nel corso di un millennio alla sua esaltazione romantica. Ciò non esclude che si possano verificare perversioni ed esagerazioni erotiche di ogni genere, come dappertutto del resto, ma al di là di queste la vera vita psichica russa si svolge in una infantilità primitiva più integra che non nei popoli occidentali, in cui l'amore si basa sull'egoistico possesso dell'altro. Il collettivo significa, in senso popolare e sostanziale, proprio quella intimità radicata nel cuore russo, contrapposta all'educazione a un principio razionale. Tutto il potenziale estatico, non menomato dalla differenza dei sessi, vi confluisce perché si carica di repentina azione rivoluzionaria nella stessa disposizione psichica. Ho capito molte di queste cose solo più tardi, durante il mio terzo soggiorno parigino nel 1910 quando, grazie all'intercessione di una sorella di una terrorista, fui ammessa nel loro circolo. Era poco dopo lo scoppio della tragedia di Azev; la più enigmatica e mostruosa di tutte le spie che facevano il doppio gioco era stata smascherata da Burzev del suo doppio tradimento, un fatto che in questo circolo causò un'indicibile disperazione. Percepii con immediatezza istintiva come questo gruppo sparuto di rivoluzionari, pronti a qualsiasi atto dinamitardo, che sacrificavano la loro vita privata totalmente alla fede nella loro missione omicida, non fosse in contrasto con la passività di fede altrettanto totale del contadino che accetta il suo destino come predeterminato da Dio. È la stessa fede cieca a chiamare alla rassegnazione da un lato e all'azione dall'altro. Quello che di soggettivo vi si manifesta è sovrastato da una dimensione sovrapersonale che sola determina il loro essere, conferendo al martirio contadino e a quello terroristico anarchico la rassegnata forza di sopportazione e l'intransigente spinta rivoluzionaria. Quando, dopo un secolo circa di lotte, i social-rivoluzionari furono tragicamente schiacciati dai bolscevichi, nel sogno innovatore fino ad allora comune, accadde che lo stesso fervore della fede popolare portò alla formazione di una terza categoria, quella del proletariato liberato, chiamato a partecipare al lavoro e al successo della rivoluzione e, nonostante il sorgere di un nuovo modo di coercizione e di sofferenza, trascinato in un delirio di appassionato attivismo. Infatti la sua secolare rassegnazione fideistica subiva l'abbagliante fascino di potersi realizzare contemporaneamente nella vita del popolo e nella trasformazione del Paese; la rivoluzione su di loro deve aver avuto lo stesso effetto che l'avvento del regno ultraterreno sulla terra ebbe sui cristiani prima dell'anno Mille. Il proletariato si configurava così come l'avversario naturale del contadino, costretto a vivere il negativo di tutto questo processo di radicale trasformazione: infatti il suo pacifico comunismo rurale veniva distrutto da astratte misure politiche che non potevano più fare leva sulla sua secolare rassegnazione e devozione perché il loro principio ispiratore era frutto della negazione di Dio e di ogni forma di fideismo teocratico. Così i contadini, raccolti intorno alle loro campane, alle loro croci e alla loro fede, si vedevano contrapposti al bolscevismo, che finiva per rappresentare il diavolo.

Spesso si suole asserire che il proselitismo quasi religioso, con cui il bolscevismo si impadronì del proletariato russo, sovrapponendo per così dire la leggenda di Lenin a quella di Cristo, fosse uno sfruttamento scaltro e metodico della devozione di questo popolo; ma per quanto ciò possa essere un aspetto di questo processo, non è adatto a esaurirne il significato, come del resto il fenomeno della religiosità russa non si esaurisce nell'inganno e nella volontà di dominio dei preti. È piuttosto l'effetto di quegli sforzi colossali, tesi a soverchiare l'ordine costituito in Russia mediante l'irresistibilità terroristica, spinta al massimo del rischio. Indipendentemente dal fatto se vinceranno o perderanno, sono legati alla devozione religiosa dell'uomo russo. È proprio questa devozione ad aver preparato il terreno a una diversa, aprioristicamente religiosa recettività del concetto del materialismo politico; diversamente da quello che sarebbe stato possibile in quelle civiltà dove queste teorie sono state concepite appunto perché sottoposte a un normale processo di maturazione.

Si è inclini a credere che già la cristianizzazione piuttosto tarda della Russia (a cominciare dal 900 d.C.) rivelasse qualcosa del carattere di questo popolo. Non essendo avvenuta per conquista, ma per mezzo dell'opera di due inviati, che pensavano che il cristianesimo bizantino fosse più connaturale alla Russia che non il buddhismo e l'islamismo, la loro missione fu immediatamente assorbita dal popolo russo. Quando anche i documenti bizantini furono «russificati» al punto che la Chiesa stessa (Nikon) dovette intervenire per correggerli, i russi ravvisarono questa interferenza nella propria peculiarità religiosa come una restrizione della loro autonomia. Per cui un terzo di tutti i credenti abbandonò la chiesa fondando il Raskol ortodosso il cui motto era: «Chi ama e teme Dio non va in chiesa». In questo modo la recezione del cristianesimo corrisponde a una profonda esigenza della natura russa; come anche il rispetto di quelli che sono rimasti nella chiesa non è rivolto gerarchicamente all'alto clero, ma ai pellegrini, agli eremiti, agli anacoreti, il cui esempio potrebbe essere seguito da chiunque. Così come, viceversa, ognuno sente che potrebbe trovarsi al posto dei condannati e dei criminali; e questo atteggiamento è testimoniato dall'usanza popolare di fare dei regali, siano pure poveri come un uovo, un pezzo di pane, qualche nastrino, ai condannati quando, in dure marce, attraversano il paese per raggiungere le prigioni siberiane. Vi si manifesta pietosa partecipazione al loro destino ma anche al contempo quello che disse un contadino quando richiamò la mia attenzione su una tale colonna di condannati: «È toccata a loro». Il fatto che in tutto si risale a Dio come ultima *ratio*, che tutti e tutto comprende a suo piacere, porta necessariamente a dare minore importanza alle differenze sociali e morali fra gli uomini e a disconoscere gli abituali criteri di giudizio. La stessa fiducia infantile si riscontra anche nel proverbio con cui il popolo sofferente soleva consolarsi in tempi particolarmente terribili: «Tutti ci hanno dimenticato, tranne Dio».

Si comprende facilmente che questa inclinazione religiosa, oltre a confluire nella chiesa, doveva dar vita a un rigoglioso settarismo dalle più disparate e spesso contrapposte ispirazioni, che va dall'ascetismo brutale dei copti e dal loro principio di castrazione fino alle più sconce orge sessuali che, sotto forma di misteri, facevano parte della funzione religiosa; comprende anche la squisita gioiosità, mista al contempo a un atteggiamento di abbandono e rassegnazione.

L'unione indisturbata dei contrapposti è caratteristica dell'uomo primitivo. Ma oltre a ciò l'anima russa si contraddistingue per una chiara mancanza di dualismo, per cui i fantasmi originari e l'esperienza reale sembrano non dividersi in una successione temporale, conferendo all'esperienza del trascendentale un minor grado d'astrazione e, al contempo, liberando il «terreno» dal complesso di colpa. Questo fatto è stato confermato da molte persone che, pur non essendo nate in Russia, vi hanno vissuto per degli anni, rimanendo proprio per questo istintivamente molto più legate alla cultura russa. Nella mia famiglia avveniva una cosa analoga: specialmente mio padre ha amato il popolo comune, al punto che quando ne parlava, anche in tono di rimprovero, vi era sempre nelle sue parole un sottofondo di profondo rispetto, quasi di devozione. Mia madre invece conservava nei confronti della fede greco-ortodossa una reminiscenza di estraneità, derivatale dal suo paese d'origine protestante. Io mi ero allontanata dalla civiltà russa giovanissima, a causa della mia prima esperienza d'amore. Ma in occasione delle mie visite in patria dalla Svizzera o dalla Germania, dove mi ero trasferita, quando alla frontiera salivo sulle carrozze più larghe e più pesanti e il controllore mi accompagnava nel mio scompartimento-letto chiamandomi «Matiuška» o «colombella», quando l'odore di vellose pellicce di pecora o quello delle sigarette russe mi circondava, allora si risvegliava in me un'indimenticabile felicità di tornare in patria. Questo sentimento non riguardava né il ritorno in famiglia né la nostalgia del Paese natio o delle prime impressioni dell'infanzia, vissute là. Non saprei definirlo ora con maggiore precisione: so solo che rimase immutato nella sua sostanza per tutti gli anni della mia gioventù. Col passare del tempo cercai di analizzarlo meglio fino a quando, nel 1897, incontrai Rainer Maria Rilke. I nostri due viaggi in Russia hanno risvegliato in noi una sempre crescente nostalgia, in cui entrambi vivevamo un'esperienza straordinaria: per *lui* la Russia significava l'esplosione della sua creatività, mentre per *me* voleva dire l'ebbrezza di rivedere la realtà russa in tutta la sua ampiezza: intorno a me la terra di questo popolo mi circondava nella sua immensa estensione, la sua miseria, la sua rassegnazione e le sue speranze, avvolgendomi in tutta la sua sconvolgente realtà. L'intensità di queste impressioni non è stata forse mai più eguagliata, tuttavia l'effetto straordinario di quest'esperienza vissuta a due consisté nell'assoluta sintonia temporale e oggettuale in cui ciascuno di noi realizzava le sue esigenze: liberando la produttività creativa in Rilke, e in me sodisfacendo il mio bisogno di rivivere il ricordo primitivo nella rievocazione reale.

Nelle immense distese di questa terra – non solo quelle toccate da noi – lungo i suoi fiumi, fra il Mare Bianco e il Mar Nero, fra la frontiera asiatica e quella europea ci sembrava di incontrare sempre lo stesso uomo, indipendentemente dal fatto che avesse un naso russo oppure tartaro. Tale uniformità dei contrapposti non deriva dalla uniformità della massa indistinta e poco familiare, ma dalla schiettezza del volto psichico russo, in cui si manifesta la primitiva eguaglianza umana; e per Rilke quest'esperienza divenne determinante a causa della sua ricerca di accedere al fondo primordiale dell'essere.

Durante il viaggio ci siamo spesso chiesti se, addentrandoci maggiormente in Asia, avremmo capito meglio questa peculiarità russa. Ma sentivamo anche che in fondo un elemento estraneo, contrapposto, si sarebbe mescolato alle nostre esperienze, non atto a dischiuderci maggiormente la civiltà russa, piuttosto a sbarrarci l'accesso. Infatti, con il vero Oriente si innalza al contempo un pezzo della Grande Muraglia Cinese. Circondato dalle sue civiltà antichissime, racchiuse in sé come miracolose opere d'arte, si sottrae al nostro tentativo di penetrazione, nell'inaccessibilità e nella saggezza fiabesca di antichissime tradizioni la cui comprensione è possibile solo a chi vi è nato. A noi occidentali il suo volto rimane velato. Lo concepiamo come talmente diverso, che potrebbe annientarci nel momento in cui si appropriasse della nostra civiltà, nonostante le sia superiore per il fatto di aver conservato un'unità non contraddittoria fra civiltà e natura, fra la cultura e l'essenza originaria dell'uomo.

Non così la terra russa che, fin nelle sue lontananze siberiane, continua ad essere rivolta nello stesso tempo verso l'Oriente e verso l'Occidente, esposta da sempre a tutte le infiltrazioni e influenze. Convalidare la sua estensione, per l'accettazione anche degli elementi più estranei, compiere la sintesi fra Est e Ovest, in questo appunto ravvisa il suo destino. Come se la sua imperscrutabilità, la sua unitarietà di fondo non fosse proprio per questo divenuta un meccanismo di repulsione, perché la sua vera dimensione sta nella categoria del non finito, paragonabile a un nomadismo a tempi lunghi che nel corso del suo lento cammino assorbe la natura dei vari paesaggi che attraversa.

Questa grande terra appare oggi come forzatamente trascinata nell'estasi del progresso, violentata dalle mete imposte dall'Occidente. Ma ciò che ostacolò la loro piena realizzazione nell'Occidente stesso, il fatto cioè di percepirle come prodotti dei secoli passati su cui si innestavano i desideri del nostro secolo, conferisce invece alla Russia l'enorme forza di due estremi che si scontrano. Infatti non si tratta di cambiare una civiltà, quanto piuttosto di stabilirla per la prima volta per tutta la collettività. Per questo, sia nel bene che nel male, proprio la Russia è destinata a realizzare qualcosa di completamente nuovo da questa scossa violenta, coadiuvata dalla velocità del suo sviluppo tecnico e dalle sue dimensioni asiatiche. Nel bolscevismo russo, erede delle teorie occidentali, confluisce l'ardore e la fredda concettualità, di modo che non si tratta più di un'assunzione occidentale ma diventa la premessa per una nuova aurora alla cui partecipazione la Russia sembra invitare in modo sovranazionale e irrazionale tutto l'universo.

Quando Rilke e io dovemmo partire, nel dolore dell'addio sulle rive del Volga, inventammo un modo per consolarci. Pensammo che quando saremmo ritornati, presto o tardi, o se dopo di noi altre generazioni vi fossero venute, perfino il più violento cambiamento dei tempi non avrebbe potuto togliere ciò su cui, con occhi lucidi, stavamo guardando. Non sapevamo che questa immagine si sarebbe mutata in poco tempo, ma sapevamo, perché l'avevamo vissuto, che non avrebbe cambiato la grandezza della nostra esperienza e nello stesso tempo la sua più intima essenza.

Avevamo ricevuto in Russia molto più della Russia stessa, per questo potevamo lasciarla.

V. L'esperienza dell'amicizia

Una sera di marzo del 1882, in casa di Malwida von Meysenburg, si erano riuniti alcuni amici quando si sentì suonare il campanello di casa. Poco dopo Trina, fedele factotum di Malwida, si precipitò nella stanza e, tutta agitata, le bisbigliò qualcosa nell'orecchio; al che Malwida in fretta e furia raccolse dalla sua scrivania un po' di soldi che con altrettanta fretta portò fuori. Al suo ritorno nella stanza l'eccitazione le faceva svolazzare intorno alla testa lo scialle nero di seta. Accanto a lei c'era il giovane Paul Rée, suo amico di lunga data, amato da lei come un figlio che, essendo partito precipitosamente da Monte Carlo, aveva premura di restituire a un cameriere di lì i soldi per il viaggio che si era fatto prestare dopo aver perso tutto al gioco.

Nonostante l'inizio un po' insolito, ma divertente, la nostra amicizia fu immediata; probabilmente lo stupore iniziale può aver contribuito a farmi apparire Rée in una luce più accentuata, facendolo risaltare rispetto agli altri. Ad ogni modo il suo profilo tagliente, il suo sguardo intelligente mi furono subito familiari nel momento in cui a una costernazione divertita si mescolò, nell'espressione del suo volto, un'inconfondibile bontà.

Già la sera stessa ebbe inizio la nostra abitudine quotidiana di finire le animate discussioni solo sulla strada di ritorno per casa mia: spesso addirittura facevamo dei giri più lunghi dalla via della Polveriera, in cui stava Malwida, fino alla pensione, in cui abitavo insieme a mia madre. Queste passeggiate per le strade di Roma sotto le stelle al chiaro di luna accrescevano la nostra intimità al punto da spingermi a studiare il modo di come farla durare anche dopo la partenza di mia madre, che mi aveva accompagnata da Zurigo a Roma per ragioni di salute. Inizialmente però

Paul Rée assunse un atteggiamento del tutto sbagliato, presentando a mia madre, con mia somma rabbia e dispiacere, un piano completamente diverso: un progetto di matrimonio, che rendeva molto più difficile il consenso di lei al mio piano. Dovetti allora spiegare a Rée a che cosa mi spingeva la mia vita amorosa «chiusa per sempre» e il desiderio di incondizionata libertà. Voglio ammetterlo con tutta sincerità: volevo ribellarmi alle vigenti convenzioni sociali in base a un semplice sogno notturno. Avevo sognato un bellissimo studio, pieno di libri e di fiori, fiancheggiato da due camere da letto e vi avevo visto una cerchia di compagni di lavoro che ne entravano e uscivano presi da una serena serietà d'impegno. Non si può negare che la nostra convivenza, durata quasi cinque anni, assomigliò in maniera sorprendente a questo mio sogno. Paul Rée mi disse una volta che l'unica differenza con il sogno consisteva nel fatto che io nella realtà imparavo solo lentamente a distinguere i libri dai fiori; infatti all'inizio prendevo dei grossi volumi universitari come piattini per le piante, pronta a operare confusioni simili anche con le persone. Dopo alcuni mesi, quando stavo ancora combattendo con mia madre, che voleva quasi chiamare in suo aiuto tutti i suoi figli per trascinarmi a casa, viva o morta, con mia grande sorpresa scoprii che Malwida era ancora più contraria. Venni a sapere solo più tardi che gran parte delle riserve erano da attribuirsi a Paul Rée stesso il quale, all'inizio, in preda alla più incontrollata agitazione, si era precipitato da Malwida per confessarle che noi dovevamo «sfuggirci» per non «compromettere» i principi di Malwida, cosa che secondo lui era già avvenuto nelle nostre prolungate passeggiate notturne. Appresi allora con mia sorpresa fino a che punto l'ideale di libertà (la libertà idealisticamente vagheggiata) possa diventare d'intralcio alla tendenza individuale di libertà, perché essa, ansiosamente preoccupata di evitare ogni equivoco, «ogni falsa apparenza», deve, per sopravvivere nella sua interezza, sottomettersi ai giudizi altrui. In risposta a una lettera scrittami dal mio educatore e maestro, a sua volta poco disposto ad aiutarmi, sfogai la mia rabbia e la mia delusione.

Roma, 26/13 marzo 1882

Sebbene abbia letto la sua lettera almeno cinque volte, non l'ho ancora capita. In che cosa avrei sbagliato? Pensavo che proprio ora lei avrebbe avuto motivo di essere fiero di me, poiché sto per dare la prova inconfutabile di quanto abbia capito la sua lezione. In primo luogo perché non mi sto abbandonando a delle fantasie, ma mi accingo a realizzarle, e in secondo luogo perché la loro realizzazione deve avvenire per mezzo di uomini che sembrano scelti da lei, colti e intelligenti. Lei invece afferma che tutto questo progetto è più fantasioso di quelli precedenti e che il fatto di verificarlo nella vita non farebbe che peggiorare le cose e che io non sarei in grado di giudicare uomini più anziani e superiori a me come Rée e Nietzsche. L'essenziale (e dal punto di vista *umano* l'essenziale per me rimane *soltanto* Rée) lo si sa subito oppure mai. Rée tra l'altro non è ancora pienamente convinto, rimane un fondo di perplessità, ma durante le nostre passeggiate notturne, fra mezzanotte e le due sotto la luna romana venendo dai ricevimenti di Malwida von Meysenburg, la discussione del mio progetto registra un crescente successo. Anche Malwida si oppone al nostro piano, e questo mi dispiace perché le voglio molto bene. Ma già da tempo mi sono resa conto che in fondo intendiamo cose diverse anche là dove concordiamo. Lei ricorre a espressioni come «questo o quell'altro non possiamo farlo», oppure «questo o quell'altro dobbiamo farlo», ma io non ho la minima idea chi sia poi questo «noi»; probabilmente è un qualsiasi partito filosofico o ideale, ma io so qualcosa soltanto del mio proprio io. Non posso né seguire dei modelli né sarò mai un modello per nessuno. Formare invece la mia vita, secondo i miei desideri, è quello che sento di dover fare. In questo, lo so, non rappresento nessun principio, ma una cosa molto più meravigliosa, qualcosa che è insito in me, fremente di energia vitale che vuole liberarsi. Ora lei dice che aveva inteso questo completo abbandono a mete prettamente spirituali solo come una fase di passaggio per me. Ma cosa intende per «passaggio»? Se dietro ad esso vi sono delle mete per la realizzazione delle quali bisogna rinunciare alla cosa più meravigliosa e più duramente conquistata, cioè alla libertà, allora vorrei fermarmi per sempre in queste fasi di passaggio, poiché non sono disposta per nessun motivo a sacrificare la libertà. Non credo che potrò mai essere più felice di quanto sono ora, poiché la guerra solenne che sta per cominciare non mi spaventa, al contrario non vedo l'ora che inizi. Si vedrà poi se la maggior parte delle barriere invalicabili, che il mondo si traccia, non si riveleranno come semplici linee, tracciate col gesso!

Solo di una cosa avrei paura: che lei non condivida intimamente il mio agire. Con una nota di risentimento mi ha scritto che il suo consiglio non avrà molto successo. Consiglio, no. Lei mi deve dare molto più di un consiglio: ho bisogno della sua fiducia. Non intesa in senso comune, ma *quella* fiducia per cui qualunque cosa faccia, essa rimane nell'ambito di ciò che noi abbiamo in comune, (vede, questo è un «noi» che conosco e accetto). E questo noi dovrebbe essere mio con la stessa naturalezza con cui riconosco come miei la mia testa, le mani o i piedi, fin dal giorno in cui divenni quel che sono diventata per mezzo suo.

La sua giovane amica

Un avvenimento a Roma contribuì a farci avere il sopravvento: era l'arrivo di Friedrich Nietzsche il quale, avvertito per lettera dai suoi amici, da Malwida e da Paul Rée, ci raggiunse inaspettatamente da Messina, per partecipare alle nostre riunioni. Accadde una cosa del tutto inaspettata: appena Nietzsche fu informato del mio progetto e di quello di Paul Rée, si aggregò come terzo alla nostra unione. Si scelse perfino il luogo della nostra futura trinità: doveva essere Parigi (inizialmente Vienna), dove Nietzsche aveva intenzione di approfondire certi studi e dove Paul Rée e io, dal tempo in cui stavo a San Pietroburgo, avevamo come riferimento la nostra conoscenza con Ivan Turgenev. Perfino Malwida si tranquillizzò un po', perché a Parigi ci sapeva protetti dalle sue figliocce Olga Monod e Natalie Herzen; quest'ultima teneva una specie di salotto in cui delle giovani donne si dedicavano alla lettura. Certo, forse a Malwida sarebbe piaciuto di più se la signora Rée avesse accompagnato suo figlio e la signorina Nietzsche suo fratello.

Eravamo allegri e spensierati perché tutti volevamo bene a Malwida, e Nietzsche era spesso così euforico da far dimenticare il suo carattere riservato, o meglio un po' solenne. Ricordo questa solennità già dal nostro primo incontro, avvenuto a San Pietro, dove Paul Rée stava lavorando seduto in un confessionale particolarmente luminoso, e dove Nietzsche era stato perciò mandato. Mi salutò con queste parole: «Da quali stelle siamo caduti per incontrarci qui?». Ciò che era iniziato sotto i migliori auspici prese però una svolta che in Paul Rée e me destò preoccupazioni per la riuscita del *nostro* progetto che, con il sopraggiungere di un terzo, divenne inaspettatamente più complicato. Nietzsche avrà probabilmente pensato di semplificare la situazione quando, per mezzo di Rée, mi fece una proposta di matrimonio. Preoccupati, pensammo al modo migliore per chiarire questo equivoco, senza mettere a repentaglio la nostra trinità. Decidemmo di spiegare a Nietzsche innanzitutto il mio categorico rifiuto dell'istituzione del matrimonio e di spiegargli inoltre che godevo di una esigua pensione quale figlia di una vedova, concessa a tutte le figlie uniche della nobiltà russa, pensione che col matrimonio avrei inevitabilmente perso.

Quando lasciammo Roma, l'equivoco sembrò inizialmente dissolto. Negli ultimi tempi però Nietzsche aveva sofferto di numerosi attacchi della sua malattia a causa della quale aveva dovuto rinunciare alla cattedra di Filosofia a Basilea. Questi attacchi cominciavano con una terribile emicrania; perciò Paul Rée rimase con lui a Roma, mentre mia madre – se ricordo bene – aveva deciso che fosse meglio partire prima, di modo che solo durante il viaggio ci rincontrammo. Soggiornammo insieme a Orta, dove ci attirava particolarmente il vicino Monte Sacro. Dopo aver lasciato l'Italia, Nietzsche fece una breve visita agli Overbeck a Basilea per poi raggiungerci ancora una volta a Lucerna perché, ripensandoci, gli sembrava che Rée a Roma non si fosse adoperato con sufficiente convinzione per la sua causa; per queste ragioni aveva chiesto una spiegazione personale a me che avvenne in un giardino pubblico a Lucerna. Era stato Nietzsche a riuscire a fotografare noi tre, nonostante le resistenze da parte di Paul Rée, che per tutta la vita conservò un disgusto quasi patologico per la riproduzione fotografica del suo volto. Preso da un insolito entusiasmo, Nietzsche si era occupato personalmente di tutti i dettagli come anche del calessino (un po' troppo piccolo), e perfino del kitsch del ramo di viole sulla frusta.

Nietzsche ritornò poi a Basilea, Paul Rée ci accompagnò fino a Zurigo da dove tornò nella sua proprietà di famiglia a Stibbe, presso Tütz nella Prussia occidentale, mentre mia madre continuò a stare un po' con me a Zurigo, ospite di amici nella cui tenuta avevo abitato anch'io fino al mio viaggio nel sud. Poi ci spostammo a Berlino passando per Amburgo, dove fummo raggiunti da mio fratello Eugène, a me più vicino d'età, che era stato mandato in aiuto di mia madre dal fratello maggiore che ora doveva anche fare le veci di nostro padre. Iniziarono le ultime battaglie: io avevo dalla mia parte la fiducia che Paul Rée sapeva suscitare e anche mia madre ne era rimasta presa un po' per volta, e così la disputa finì e mio fratello mi accompagnò dai Rée; Paul ci era venuto incontro fino a Schneidemühl nella Prussia occidentale e lì avvenne il primo scambio di mani fra rapitore e custode.

Secondo il programma prestabilito rimasi fino a tarda estate a Stibbe, tutto sommato qualche mese per incontrare poi Malwida dai Wagner, all'inizio del festival di Bayreuth. Così conobbi Wagner nel suo ultimo anno di vita; il biglietto da visita di Paul Rée mi faceva entrare anche alle rappresentazioni del *Parsifal*; nelle sere passate a Wahnfried, osservavo da vicino la vita della famiglia Wagner, anche se era continuamente circondata da un'immensa ondata di ospiti, provenienti da tutto il mondo. Richard Wagner, il centro di questa folla, che a causa della sua piccola statura era visibile solo per frazioni di secondo, come il raggio che si innalza nella fontana prima di cadere, sprigionava intorno a sé la più grande allegria; mentre la figura di Cosima si staccava dalle persone circostanti per la sua altezza. Quando passava, il suo lunghissimo strascico sembrava crearle intorno una scia di distacco. Il giovane precettore dell'allora tredicenne Siegfried, Heinrich von Stein, che avevo conosciuto a Bayreuth, sarebbe stato nell'inverno successivo uno dei primi e più fedeli membri del circolo berlinese intorno a Paul Rée e me. Fra gli intimi di Wagner mi sono legata particolarmente col pittore russo Joukowsky; la piccola targa con il suo nome, un maggiolino, era riportata anche nell'angolo dell'enorme quadro su cui cade lo sguardo appena si entra a Wahnfried. Rappresenta la sacra famiglia, con Siegfried come Redentore, Daniela nel ruolo della madre del Signore e le altre tre bellissime figlie raffiguranti gli angeli.

Del festival di Bayreuth stesso, l'avvenimento che sconvolgeva tutti, non sono in grado di parlarne perché vi ho partecipato immeritatamente e priva di ogni comprensione musicale, con l'orecchio quasi sordo alla musica. Se vi era qualcuno a cui sarei stata paragonabile, questa era la fedele factotum di Malwida, Trina, che con sua somma vergogna si vedeva ricoperta di disonore: infatti Richard Wagner aveva profetizzato che proprio a lei, un'ignorante completa, si sarebbero aperte le orecchie come in una rivelazione; per questo fu ammessa più volte alle rappresentazioni. Il tentativo però fallì perché Trina era incapace di nascondere la sua amara delusione per dover assistere sempre al *Parsifal* anziché alla messa in scena di un'altra opera.

Dopo Bayreuth era stato progettato un incontro di alcune settimane fra me e Nietzsche a Tautenburg presso Domberg in Turingia; per caso presi alloggio in una casa il cui padrone, il predicatore di quel posto, era stato un allievo di Alois Biedermann, il mio professore a Zurigo. Inizialmente c'erano stati dei malintesi fra me e Nietzsche, causati da pettegolezzi privi di ogni fondamento reale; riuscimmo però presto a superarli, ricevendo un arricchimento reciproco l'uno dalla presenza dell'altro, e cercando perlopiù di escludere l'interferenza molesta di terzi. Riuscii a penetrare molto più profondamente nel pensiero di Nietzsche di quanto non fossi riuscita a Roma o in viaggio. Delle sue opere non conoscevo che *La gaia scienza*, a cui stava apportando le ultime correzioni quando ce lo lesse a Roma. Nelle discussioni che ne seguivano, Nietzsche e Rée si toglievano la parola di bocca perché appartenevano allo stesso orientamento spirituale. La preferenza per la formulazione aforistica – a cui Nietzsche era stato costretto dalla sua malattia e dal suo modo di vita – era stata connaturale a Paul Rée fin dall'inizio; ricordo che andava in giro con in tasca La Rochefoucauld o La Bruyère e, a partire dalla sua prima opera, *Sulla vanità*, il suo orientamento è rimasto immutato. In Nietzsche però già si preannunciava ciò che lo avrebbe portato al di là della raccolta di aforismi, verso lo *Zarathustra*: la profondità della ricerca di Dio.

Nella mia lettera del 18 agosto da Tautenburg a Paul Rée già si legge:

> All'inizio della mia conoscenza di Nietzsche scrissi di lui a Malwida che era una natura religiosa. Oggi vorrei doppiamente sottolineare questa osservazione. Credo che assisteremo alla trasformazione di Nietzsche in profeta di una nuova religione, e sarà una religione che farà degli eroi i suoi apostoli. Abbiamo su questo punto una completa identità di vedute e ci leviamo le parole e i pensieri quasi di bocca. Da tre settimane siamo immersi in una interminabile discussione e ora è capace di passare anche dieci ore parlando. È strano che le nostre conversazioni ci portino involontariamente di fronte a quegli abissi vorticosi dove ci si era spinti a volte da soli per guardare in basso. Abbiamo scelto di camminare sui sentieri più duri e se qualcuno ci avesse ascoltato avrebbe potuto credere che fossero due diavoli a parlare.

Era inevitabile che nella natura e nelle parole di Nietzsche mi affascinasse proprio quello che era rimasto inespresso fra lui e Paul Rée. Mi risvegliava infatti ricordi e sentimenti inconsci, che avevano la loro origine nell'indistruttibile infantilità dell'essere. Però al contempo era proprio per la stessa ragione che non sarei mai potuta diventare una sua discepola o seguace: percorrere la stessa direzione dalla quale mi ero dovuta liberare per trovare chiarezza, mi riempiva di sospetto. Il fascino richiamava al contempo il distacco interiore.

Dopo essere tornata in autunno a Stibbe, incontrammo di nuovo Nietzsche per tre settimane a Lipsia. Nessuno di noi due sapeva che sarebbe stata l'ultima volta. Qualcosa era cambiato rispetto all'inizio, sebbene il progetto per il nostro comune futuro a tre fosse rimasto invariato. Se mi chiedo per quale ragione il mio atteggiamento interiore nei confronti di Nietzsche fosse cambiato, devo rispondere che erano le sue crescenti allusioni, tese a diffamare Paul Rée ai miei occhi, ed era anche lo stupore che potesse essere seriamente convinto dell'efficacia di questa tattica. Solo dopo esserci lasciati a Lipsia iniziarono le ostilità anche nei miei confronti:

rimproveri dettati dall'odio, di cui sono venuta a conoscenza solo tramite un'unica lettera. Ciò che doveva accadere in seguito era talmente contrario al carattere e alla dignità di Nietzsche che può essere attribuito solo all'influenza altrui. Come quando, ad esempio, accusava Rée e me di cose la cui infondatezza era a lui nota più che a chiunque altro. Lo devo alla delicatezza di Rée, se mi è stato risparmiato di prendere conoscenza delle cose più avvilenti. Solo molti anni dopo compresi che Rée mi aveva nascosto molte lettere di Nietzsche, indirizzate a me e contenenti incomprensibili insulti. E non solo: Rée mi tenne anche all'oscuro del fatto che la manovra di diffamazione aveva irritato la sua famiglia al punto di odiarmi; anche se in ciò aveva un ruolo determinante la morbosa gelosia di sua madre, che desiderava tenere questo figlio tutto per sé.

Molto più tardi credo che anche Nietzsche si sia distanziato da queste dicerie; da Heinrich von Stein, che ci era amico, venimmo a sapere il seguente episodio avvenuto a Sils Maria, dove era andato a trovare Nietzsche (non senza chiedere prima il nostro consenso). Aveva cercato di rimuovere gli equivoci che si erano creati fra noi tre, ma Nietzsche scosse la testa dicendo: «Ciò che ho fatto io non è perdonabile».

In seguito ho adottato anch'io la tattica di Paul Rée cercando di tenere lontano da me tutto e rifiutando di leggere qualsiasi riga che trattasse l'argomento: ignoravo le ostilità della famiglia di Nietzsche come anche tutta la letteratura su Nietzsche, apparsa dopo la sua morte. Il mio libro *Nietzsche. Una biografia intellettuale* è stato scritto con assoluta spregiudicatezza, per smentire l'interpretazione equivoca che alcuni critici letterari di dubbia fama avevano dato alla sua opera. Anche io avevo capito appieno l'immagine spirituale di Nietzsche solo dopo la mia relazione personale con lui; ero solo preoccupata di rendere comprensibile la sua figura mediante queste impressioni obiettive.

Nel frattempo Paul Rée e io ci eravamo stabiliti a Berlino. Il nostro progetto iniziale di trasferirci a Parigi fu prima rinviato e poi abbandonato dopo la malattia e la morte di Ivan Turgenev; ora la sognata comunità in un cerchio di giovani scienziati, perlopiù docenti, si doveva realizzare in tutta la sua portata. In questo cerchio, Paul Rée veniva chiamato «la dama d'onore» e io «l'eccellenza», come sta scritto sul mio passaporto perché, secondo l'usanza russa, avevo ereditato, quale unica figlia femmina, il titolo del padre. Perfino quando d'estate lasciavamo Berlino, molti dei nostri amici ci raggiungevano durante le vacanze universitarie. Ricordo come un periodo particolarmente felice un'estate a Celerina, nell'Alta Engadina, dove fummo alloggiati da un mugnaio; solo alla prima comparsa della neve, in autunno inoltrato, Paul Rée e io continuammo il nostro viaggio verso sud; non c'era ancora il treno che attraversava il passo del Landquart, perciò una carrozza postale, che d'inverno sostituiva l'autobus, ci caricò come unici passeggeri; scendemmo fino a Merano con indisturbata lentezza (paragonabile solo ai mezzi privati di oggi), sostando a piacere sotto il sole o sotto la luna.

Sebbene viaggiassimo molto, riuscivamo a far bastare i nostri soldi; dalla pensione di mia madre ricevevo duecentocinquanta marchi al mese e della stessa somma disponeva pure Paul Rée. Quando i soldi non bastavano, imparavamo a risparmiare e a fare economia.

Un anno siamo rimasti per un po' a Vienna, dove mio fratello Eugène seguiva un corso di perfezionamento con Nothnagel. Seguendo il saggio consiglio di Paul Rée (un uomo può essere infatti una damigella d'onore più accorta di una donna), avevamo frequentato anche a Berlino solo persone che appartenevano al nostro circolo, evitando il contatto con le famiglie o con la bohème di allora, e questo a ragione perché la mia ignoranza in letteratura era quasi totale.

Eppure proprio in quel periodo cominciavo a scrivere il mio primo libro a Gries. L'occasione fu che si cercava di riportarmi a casa; e i nostri amici ritennero il proposito di scrivere un libro una ragione sufficiente per avere il permesso di soggiornare all'estero. Raggiunsi infatti il mio scopo ma a condizione di non coinvolgere il nome della famiglia; così scelsi uno pseudonimo; per nome adottai quello del mio amico di gioventù olandese, e per cognome presi il nome che lui un giorno aveva scelto per me al posto di quello russo difficilmente pronunciabile. Stranamente questo libro, *In lotta per Dio* di Henri Lou, ebbe la migliore critica che io abbia mai avuto; anche i fratelli Heinrich e Julius Hart, che avrei conosciuto molto bene in futuro, scrissero una recensione molto positiva.

Fra quelli che ci circondavano c'erano studiosi di tutte le materie: scienziati, orientalisti, storici e un gran numero di filosofi; inizialmente il circolo trovò il suo centro in Ludwig Haller che, sceso dalla solitudine della Selva Nera con sotto braccio il suo manoscritto, ci rendeva partecipi delle sue vittorie e preoccupazioni metafisiche in conferenze dal numero ristretto e dal carattere privatissimo; dopo la pubblicazione di quest'opera («Tutto nel tutto», metalogica, metafisica, metapsicologia) a circa quarant'anni si è suicidato saltando in mare durante una traversata per la Scandinavia, sembra in preda a una crisi mistica.

L'irrequietezza e lo stimolo che la filosofia esercitava su tutti noi erano dovuti a un atteggiamento particolare dell'epoca. Fin nelle loro propaggini, nella destra e nella sinistra hegeliana, i grandi sistemi postkantiani non defluivano senza scontrarsi in maniera manifesta con lo spirito opposto, insito nella cosiddetta epoca darwiniana del XIX secolo. In mezzo alla fondamentale scientificità e obiettività di pensiero, si facevano strada tendenze pessimistiche, sia in maniera latente che in modo manifesto e confesso. Il pensiero infatti continuava ad essere l'espressione di una reazione idealistica nei confronti delle tante pratiche tese alla dissacrazione totale, per cui ci si sacrificava in nome della cosiddetta verità. Si sarebbe quasi tentati di accomunare gli interessi filosofici di quest'epoca sotto il nome di «periodo eroico» che terminò proprio quando, per mezzo di una sempre più intransigente divisione della verità scientifica dall'interferenza soggettiva di certe categorie estetiche, il servizio nei confronti della verità si restrinse ad ambiti sempre più modesti che potevano benissimo fare a meno di grandi parole. La psiche umana stessa divenne oggetto d'indagine nel momento in cui si aprì alla conoscenza. La volontà del tempo trasferì il rigore della logica al rigore della propria psicologia. Dopo essersi umiliati di fronte alla «verità» per tutto un secolo, ora ci si umiliava nelle proprie confessioni in cui la presunzione della superiorità personale si manifestava nella denuncia dell'inferiorità umana.

Nemmeno nel nostro circolo tutti conoscevano in quel momento Friedrich Nietzsche, che era destinato a conferire importanza mondiale a questa tendenza psicologizzante mediante la raccolta dei suoi aforismi. Perché non si riscontrava in noi lo stesso turbamento spirituale per cui la conoscenza razionale si trasformava in esperienza interiore e la conoscenza scientifica a sua volta non eliminava la capacità di gioire o di soffrire? Perché in fondo la genialità di Nietzsche stava nel vigore con cui sapeva esprimere questo turbamento. La creatività poetica e la forza di conoscenza raggiungevano una sintesi così produttiva in lui solo perché era spinto da lotte e sofferenze spirituali a dare il massimo di sé.

Nello stesso tempo, accanto a quello che avrebbe dato a Nietzsche una risonanza così vasta nella vita spirituale di quest'epoca e nel futuro, si delineava anche la differenza fra lui e i nostri amici di allora. Per quanto la loro posizione potesse divergere su alcuni problemi di fondo, erano accomunati dal valore conferito all'obiettività di giudizio; uniti nello sforzo di distinguere i propri turbamenti e le proprie emozioni dalla volontà conoscitiva, riuscivano a tenere rigorosamente separate la sfera emozionale, intesa come ambito privato, dall'acquisizione scientifica.

Per Nietzsche invece la contingenza, l'abisso del suo dolore diveniva il crogiolo in cui la volontà di conoscenza finiva per fondersi nella forma;

la sua opera completa non è che questo processo di formazione; la poesia che vi è contenuta è più importante delle sue verità; infatti esse non solo sono sottoposte a dei mutamenti, ma lui vi aderiva di volta in volta come a qualcosa la cui direzione era già un dato teorico (in un moto d'abbandono quasi femminile). Per giungere infine alla sua profezia: l'insegnamento di Zarathustra, del Superuomo e dell'Eterno Ritorno, là dove si scinde in colui che tutto patisce e tutto domina – un dio. Fino a quel traguardo estremo dove, si potrebbe dire, lui realizzò tutto questo in «Verità e Poesia»; giacché, nel momento in cui impose un limite alla propria ricerca, rinunciò anche a se stesso, calò un sipario davanti a sé. E poiché i suoi dolori e i suoi entusiasmi avevano inconsapevolmente decorato questo sipario con pitture grandiose, non lo avrebbe mai più levato per lasciar spaziare lo sguardo.

Per me e per gli altri proprio questo contrasto fra Nietzsche e noi costituì il beneficio più grande che traevamo dal nostro circolo: qui io trovavo quel sano clima spirituale a cui erano tesi i miei sforzi. Era questo clima che mi fece sentire Paul Rée come compagno dello spirito, perfino in quei momenti in cui stava elaborando la sua concezione un po' restrittiva e utilitaristica della «nascita della coscienza», mentre io nel mio lavoro intellettuale ero più vicina ad altri che non a lui (ad esempio, Ferdinand Tönnies e Hermann Ebbinghaus).

L'unione fra me e Paul Rée non era stata intesa come incontro fugace, ma per sempre. Se lo credevamo possibile, senza temere di doverci intricare in contraddizioni insolubili, ciò dipendeva dal suo carattere singolare che fece di lui, fra mille persone, un compagno preziosissimo. Molte delle sue manifestazioni, che nella mia inesperienza e spensieratezza credevo naturali, erano invece straordinarie, dovute alla sua immutabile bontà d'animo che in realtà traeva originc da un segreto odio di sé: per cui proprio il più completo abbandono a una persona totalmente diversa da lui veniva vissuto come gioiosa e altruistica liberazione di sé. Fin da giovane incline alla malinconia e al pessimismo, che lo aveva portato a frequenti tentativi di suicidio, Paul Rée divenne un uomo sereno e fiducioso. Così la sua disposizione nevrotica non venne alla luce, nonostante che lui stesso scoprisse con rammarico una serie di vizi: dopo averlo visto soccombere altre volte alla passione per il gioco, cominciai a scorgere le relazioni esistenti fra l'uomo che conobbi quella sera a Roma e l'uomo che oggi mi vedo davanti. E ancora oggi sono presa da dolore e rabbia se penso alla salvezza che la psicoanalisi avrebbe potuto apportare a lui e al mondo, se il suo metodo terapeutico fosse stato applicabile qualche decennio prima. Non solo l'avrebbe restituito a se stesso, ma lui sarebbe stato destinato come pochi a servire questa causa perché solo la psicoanalisi avrebbe potuto portare a termine lo sviluppo intellettuale della sua profonda conoscenza umana.

Il mio fidanzamento non avrebbe dovuto modificare la nostra intimità in alcun modo, secondo le mie intenzioni. E Paul Rée fece finta di credere che fosse una condizione fondamentale: ma dentro di sé gli mancava la fede che gli si potesse veramente voler bene, e solo fino a quando la realtà continuava a dimostrargli il contrario non si ricordava più che a Roma era stato rifiutato. Così, nonostante l'assoluta franchezza delle nostre discussioni (aveva chiesto di non dover né vedere né parlare a mio marito per un primo periodo), un equivoco si interpose fra noi. Paul Rée aveva allora iniziato gli studi di Medicina e siccome per gli esercizi di anatomia si doveva alzare presto, abitava da solo (avevamo perfino preso in considerazione una mia partecipazione ai suoi studi, ma ridendo eravamo arrivati alla conclusione che non ce n'era bisogno per due che non si sarebbero mai separati).

Come una ferita mai del tutto rimarginata mi rimane impressa la sera in cui mi lasciò. Andò via a tarda notte, però dopo pochi minuti era di ritorno perché pioveva a dirotto. Dopo un po' andò di nuovo via, ma ritornò un'altra volta per prendersi un libro. Quando si allontanò definitivamente era già mattina. Guardai dalla finestra e con mio stupore vidi che la strada era asciutta e il cielo stellato sgombro di nuvole; voltandomi vidi, nel chiarore della lampada, una mia foto da bambina che avevo regalato a Paul Rée. Sul pezzo di carta che lo avvolgeva c'era scritto: «Non mi cercare, per carità».

La scomparsa di Paul Rée doveva necessariamente far piacere a mio marito, anche se con molto tatto non me ne ha mai parlato; e io ero destinata a sentire per anni dolore e rammarico per una cosa che sapevo non sarebbe mai dovuta accadere. L'indomani mi svegliai in preda a un senso di oppressione; un sogno aveva cercato di cancellare l'accaduto. Fu un sogno tremendo: ero in compagnia dei nostri amici e, all'improvviso, li sentii gridare verso di me, esultanti, che con loro c'era Paul Rée. Allora li guardai, uno dopo l'altro, e, non riuscendo a trovare Paul, mi volsi verso il piccolo vano dove avevano appeso i cappotti. Il mio sguardo cadde allora su un omaccione che non avevo mai visto e che se ne stava beatamente seduto dietro i cappotti, a braccia conserte. Era quasi impossibile riconoscerne il viso sotto le flaccide pieghe di grasso che sembravano schiacciare i suoi occhi e appiccicarsi ai lineamenti come una maschera funebre fatta di carne umana. «*Così*», mi disse tutto soddisfatto, «non mi trova nessuno, non è vero?».

Paul Rée terminò i suoi studi di Medicina; più tardi si trasferì a Celerina, nell'Alta Engadina, come medico della popolazione povera. Qui morì precipitando da un monte.

VI. In mezzo agli uomini

Per non spezzare l'unità del significato che la Russia ha avuto nella mia vita, ho saltato gli anni di mezzo durante i quali ho conosciuto altri Paesi e altri uomini. In parte ciò trova però la sua ragione anche nel fatto che la molteplicità degli incontri e delle impressioni individuali hanno provocato è d'ostacolo alla voglia di narrarli. Ci si trova continuamente esposti al pericolo di allargare il respiro narrativo fino a concedere alle cose importanti uno spazio maggiore di quello che conviene, oppure di snellire il discorso a tal punto da cadere nel pericolo delle vane chiacchiere che caratterizzano la maggior parte dei giudizi umani. Quando si tratta di una persona che ci è stata veramente vicina, il resoconto si delimita da sé. Perché, cosa significa in fondo la vicinanza di un uomo? Un incontro che arriva al di là di quello che credevamo, uno di quei preziosi appuntamenti che esulano dall'esatta determinabilità. Ciò che realmente rimane da narrare ha bisogno di ricorrere a delle metafore in cui si esplica l'elemento poetico: in fondo, il semplice valore del *vissuto* gli conferisce qualità poetica.

Per questo i primi dodici anni che seguirono la mia adolescenza rimangono quasi sotto silenzio, sebbene siano stati ricchi di incontri determinanti. Dopo aver vissuto in un primo tempo nell'appartamento da scapolo di mio marito a Berlino, ci trasferimmo più tardi in periferia a Tempelhof, in una casa in mezzo a un giardino pieno di olmi, che ci venne data in affitto per pochissimo. C'erano delle stanze talmente grandi che mi ricordavano la mia casa d'infanzia e le mie scarpe da ballo: un'enorme biblioteca, due stanze con pannellature di legno e una terrazza spaziosa. In quegli anni la maggior parte della gente che conoscevamo abitava in periferia: il primo amico fu Gerhart Hauptmann, che insieme a sua moglie Marie e i suoi tre splendidi figli, Ivo, Ecke e Klaus, abitava a Erkner; nello stesso quartiere c'erano anche Arne Garborg e l'incantevole biondissima Hulda Garborg. A Friedrichshagen abitavano invece Bruno Wille, Wilhelm Bölsche e i due fratelli Hart, che presto si sarebbero tirati dietro una specie di colonia fra cui Ola Hanson-Marholm, August Strindberg e altri, con cui a volte ci vedevamo a Berlino allo Schwarzen Ferkel. Ricordo il primo incontro a casa nostra sulla terrazza, circondata da fiori; vedo ancora Max Halbe, giovanile e slanciato accanto alla sua piccola fidanzata che sembrava una Psiche, vedo Arno Holz, Walter Leistikow, John Henry Mackay e Richard Dehmel che ancora si seccava del proprio nome. Il dramma di Hauptmann *Prima dell'alba* ci aveva ideologicamente accomunati; nell'irrefrenabile irruzione del naturalismo, questa sua prima opera conteneva già quell'elemento che avrebbe determinato la vittoria della nuova corrente: quella trattenuta liricità, innegabile nonostante il carattere didattico e i contrasti stridenti del dramma, tesi a provocare il cittadino comune.

Mentre prima del matrimonio Paul Rée e io avevamo volutamente evitato i circoli della bohème letteraria, frequentando quasi esclusivamente scienziati, ora la situazione era capovolta. La letteratura non aveva mai destato grande interesse in me, perciò non la conoscevo e nemmeno il precedente periodo di eufemistica deformazione del reale; nel naturalismo, era l'elemento umano a colpirmi di più, era il fiducioso slancio giovanile noncurante del fatto che proprio i temi più scabrosi e pessimistici si facevano propagatori dello spirito nuovo. Anche la vecchia generazione ne fu coinvolta, come lo dimostra l'esempio di Fontane; anche Fritz Mauthner si arrese; da quando ci eravamo trasferiti da Tempelhof a Schmargendorf avevo spesso occasione di parlargli, perché un breve sentiero nel bosco portava da casa nostra a casa sua. Di grande importanza per tutti noi era la fama di cui l'opera di Henrik Ibsen godeva in Germania; avevo conosciuto i suoi scritti già prima che fossero tradotti, per mezzo delle letture di mio marito. La mia amicizia con Maximilian Harden – uno dei fondatori della «Freie Bühne» – risale a questo periodo (era destinata a durare fino alla guerra mondiale). Accanto a Gerhart Hauptmann anche Carl Hauptmann, fino ad allora aspirante filosofo, si convertì al dramma; vi partecipava anche Otto Hartleben con sua moglie. Molte delle forze giovani abbandonavano le loro ambizioni scientifiche per quelle letterarie e politiche; mi ricordo di aver passato molte ore in chiarificazioni e discussioni serali con Eugen Kühnemann, che allora non sembrava ancora disposto a intraprendere la carriera universitaria. Georg Ledebour fu comunque la persona più importante per me, da un punto di vista umano.

A quel tempo abitavamo già a Schmargendorf, ai margini del bosco, in un appartamento così piccolo e raccolto che non c'era bisogno di aiuto. Poi nel 1894 andai a Parigi, dove un mutamento letterario analogo a quello tedesco si stava compiendo. Era poco dopo l'assassinio di Carnot, e io avevo il permesso di assistere alla Camera ai discorsi di Millerand e Jaurès. Dietro l'esempio della «Freie Bühne», il «Théâtre Libre» di Antoine e «L'Œuvre» di Lugné-Poe furono fondati; per la parte della *Hannele* di Hauptmann, recitata a Berlino da Paula Conrad, che più tardi divenne la moglie di Schlenther, Antoine ingaggiò una pallida e povera ragazzina della strada, portandola a un successo strepitoso. Eppure la traduzione francese diminuiva l'effetto della poesia di Hauptmann, quando ad esempio Hannele, al posto del tedesco «*Fliederduft*» ('odore di lillà') diceva: «*Je sens le parfum de lilas*».

A Parigi partecipavo alla stessa vivace solidarietà d'interessi e scambi letterari, avversata solo dalla vecchia generazione. Quando Albert Langen fondò, insieme al danese Willy Grétor, la sua nuova casa editrice, conobbi Knut Hamsun, che allora assomigliava a un Dio greco; la colonia scandinava era molto diffusa, ancor prima che Albert Langen ne facesse parte attraverso il suo matrimonio con un membro della famiglia Björn. Inizialmente abitavo insieme a Therese Krüger, una mia amica danese; ricordo con particolare vivacità Herman Bang, che abitava a Saint-Germain e che, sebbene non godesse di buona salute, sprigionava uno scintillante fuoco interiore; ricordo ancora le parole esatte con cui mi descrisse l'angoscia terrificante che aveva caratterizzato gli inizi della sua carriera poetica, di come scrivendo di tanto in tanto si precipitava alla finestra per vedere se da fuori non gli venisse un aiuto, una distrazione. Mi evidenziava in maniera inequivocabile l'ineluttabilità con cui, nel processo creativo, gli strati psichici più profondi, già relegati nel subconscio, vengono rimossi per subire una trasformazione su cui pesa la paura di transizione. Sebbene sapessi della sua malattia cronica alla schiena, non riuscivo a vederlo diversamente da uno che, anche fisicamente, è una figura di transizione, fatta di angoscia e di liberazione per mezzo dell'atto creativo. Chi si accorge che i suoi libri (come *La casa bianca* e *La casa grigia*) si strutturano sulla tecnica mnemonica, intravede anche gli stati d'angoscia che hanno accompagnato la loro genesi.

Un minuscolo compagno mi seguiva dappertutto: un barboncino nero, un piccolo *toutou*; non ricordo più dove lo trovai. Quando tornavo tardissimo nella mia stanza, si alzava dalla sua cuccia guardandomi con profonda diffidenza, come per chiedere cosa avessi fatto nel frattempo senza di lui. Ma di giorno si prendeva una rivincita esasperandomi con la sua passione per le «mele che non cadono lontano dal cavallo» (questa variante peregrina del famoso proverbio si deve a una scrittrice, le cui opere non sono purtroppo pubblicate). Il cagnolino amava scorrazzare nelle strade, dove a quel tempo non c'erano ancora le lunghe file di automobili e si potevano ammirare carrozze sontuosissime; saltellava simile a una pulce nera attraverso viali e piazze, mettendo in mostra, ben stretta fra i denti, la sua mela gigantesca, che improvvisamente si fermava a mordicchiare in qualche angolino riparato; e io... lo rincorrevo! Anzi, spesso non soltanto io, ma anche qualche passante che, esclamando: «*Olalà, le joli toutou*», si avventava su di lui – e subito il cagnetto difendeva il suo bottino.

Più che chiunque altro frequentavo Frank Wedekind. Lo si poteva incontrare sempre nei caffè del Quartiere Latino, dove di notte scarabocchiava dei versi sui tavoli di marmo appiccicosi davanti alla porta, precursori dei suoi *Canti della forca*, come ad esempio *Il canto doloroso*: «Ho macellato mia zia, mia zia era vecchia e debole, voi però, giudici assetati di sangue, spezzate la mia gioventù». Wedekind aveva veramente delle mani da macellaio, ma al contempo possedeva delle qualità delicatissime. Senza soldi né alloggio, sedeva in mezzo alle sgualdrine nella speranza che, a chiusura del caffè, una di loro che avesse fatto buoni affari lo portasse a casa sua per offrirgli un tetto, la colazione mattutina e un po' di attenzioni. Si poteva incontrare Frank Wedekind anche da un'altra parte però, là dove mi portò con suo segreto orgoglio e con mia grande gioia, e dove soleva passare intere serate: nella squallida stanzetta del quartiere più misero di Parigi, al letto della vedova sessantenne di Georg Herwegh che soffriva di idropisia, e alla quale portava la cena scelta con amore.

Il piacere di frequentare i locali notturni del Quartiere Latino o di Montmatre, in compagnia di uno o due conoscenti, risultava principalmente dall'interesse che le sgualdrine erano riuscite a mantenere: la loro disinvoltura e schiettezza non solo faceva della loro professione una cosa legale, ma addirittura le univa a tutti gli altri; non conoscevano né la vergogna né la segretezza che teme la luce, inoltre erano caratterizzate nel comportamento e nella sensibilità da una cultura popolare ben radicata. Così, anche le conversazioni casuali con gente «dei bassifondi» rappresentavano un arricchimento. Di contro, anche nell'alta società si incontrava la stessa delicata cortesia: infatti a Parigi una donna può stare sicura che, anche trovandosi di notte in difficoltà, un uomo non si approfitterebbe mai della situazione: ogni parigino si vergognerebbe come un cane se equivocasse una situazione, non comportandosi da perfetto gentiluomo. Altrettanto forte però era l'impressione che Parigi si esaurisse qui, che niente stimolasse a una sua conoscenza approfondita: come se tutto si esteriorizzasse in un logoro gesto culturale, incapace di conservarsi un potenziale di verginità. La Russia si trovava per me agli antipodi di questa civiltà. Poiché Parigi era la prima metropoli straniera in cui ho vissuto più a lungo, ogni esperienza che vi facevo si distaccava nettamente dalle esperienze precedenti: nell'inesprimibile fascino della sua maturità, mi sembrò come un'amante che, dopo aver perso lo splendore giovanile, si adorna di giorno in giorno delle preziosità del passato, immuni all'azione del tempo.

Un giorno, quando stavo andando al Louvre, feci per strada una conoscenza apparentemente insignificante che vale la pena di descrivere. Si trattava di un'alsaziana un po' attempata di nome madame Zwilling, che faceva la fioraia per mantenere suo figlio malato. Una sera ero andata a trovare entrambi nella loro stanzetta, quando la vidi entrare portata a braccia, svenuta in mezzo ai grandi cesti pieni di fiori primaverili che era andata a prendere alle *halles*. Decisi immediatamente di venderli per lei. La baronessa Sophie von Bülow, che era con me, acconsentì prontamente al progetto: alla svelta ci mettemmo il costume alsaziano della signora Zwilling e prima delle due e mezzo di notte avevamo venduto anche l'ultimo fiore davanti ai caffè del Quartiere Latino, che conoscevo tanto bene, ricavando un discreto guadagno. Anche in questa occasione sperimentai l'incredibile correttezza con cui gli uomini accettarono le due nuove arrivate. Con interesse ci chiesero di noi. Il giorno dopo venni a sapere che solo per caso avevamo evitato di passare la notte in prigione per la mancanza della licenza.

Strinsi amicizia con un giovane medico della colonia russa che, sospettato di aver partecipato all'assassinio di Alessandro II, aveva scontato quattro anni di lavori forzati in Siberia, da dove infine era giunto a Parigi. Savélij, che aveva una salute di ferro (con i suoi denti bianchissimi era capace di togliere qualsiasi chiodo dal muro), mi fece conoscere tutta la colonia russa. Quando sei mesi dopo il caldo divenne insopportabile, fuggimmo insieme rintanati in un affollatissimo treno, in Svizzera, stabilendoci in una cascina in montagna vicino a Zurigo dove ci nutrivamo di latte, formaggio, pane e bacche. Solo poche volte scendemmo a Zurigo per sfamarci in uno degli alberghi di lusso (qui incontrai il nostro amico berlinese Wilhelm Bölsche, così come a Parigi avevo incontrato Otto Hartleben e la moglie). Di tutto questo idillio alpino mi è rimasto particolarmente impresso un piccolo episodio, quando, camminando scalzi (eravamo soliti andare così per i prati morbidissimi), ci imbattemmo inaspettatamente in un pendio pieno di more nane. Non c'era più molta luce e noi eravamo ignari di quale direzione prendere per trovare la scorciatoia più breve per casa. Ogni passo e ogni fermata ci strappavano grida di dolore e con le lacrime agli occhi arrivammo finalmente su un terreno più praticabile.

Nei minuti passati fra i cespugli di more, qualcosa, come un'immagine remota oppure un antichissimo ricordo, si fece strada: come se fosse già avvenuto, improvviso ritorno di un attimo vissuto, che scomparve di nuovo quando Savélij disse con tono scherzoso: «Siamo noi a dover chiedere scusa alle more e non viceversa per averle calpestate, anziché baciate». E qualcosa in me proseguì: «È così, la cosa più terribile nel mondo sta proprio in questo equivoco».

Dopo poche settimane ritornammo nel vortice della bellissima città, facendo ammirare la nostra abbronzatura che allora non andava ancora di moda. Da lì, fino all'autunno inoltrato, passai per molte esperienze umane, a nessuna delle quali volevo rinunciare; ma arrivò il momento in cui qualcosa o qualcuno in me di notte mi fece un cenno, e io capii che dovevo partire. Non sono mai riuscita a fornire una spiegazione razionale del perché questo mi capitava proprio nel momento in cui, disponibile nell'anima e nel corpo, godevo dell'ambiente che mi circondava. Qualcosa dentro di me premeva con impazienza. Forse non ricorderei più così dettagliatamente la notte del mio ritorno in Germania se non avessi conservato una lettera di per sé insignificante (la data è del 22 ottobre 1894), indirizzata a una scrittrice, mia amica di allora:

> Sono passate più di tre settimane da quando sono fuggita da Parigi; questa partenza giunse inaspettata a tutti e anche a me stessa; non salutai nessuno. Altrettanto inaspettata sono arrivata a notte inoltrata. Lasciai il mio bagaglio alla stazione, presi l'autobus e camminai attraverso i campi notturni verso il paese. Era bello e strano; percepii l'autunno dalle foglie che cadevano e dal vento tempestoso che tirava senza vedere niente, e mi piacque; a Parigi era ancora estate. Tutto il paese dormiva, solo nella biblioteca di mio marito c'era accesa una lampada molto forte, che usava per consultare i libri sugli scaffali in alto. Dalla strada distinsi nettamente la sagoma della sua testa. La chiave era come sempre infilata nella porta, entrai molto piano. In quel momento il cane Lotte abbaiò dalla stanza accanto: aveva riconosciuto il mio passo. Non siamo andati a dormire quella notte; all'alba accesi il fuoco in cucina, pulii la lampada opaca e me ne andai furtivamente nel bosco. La foschia dell'alba era ancora appesa sugli alberi, e un cerbiatto maculato scivolò

fra i pini senza fare rumore. Mi tolsi le scarpe e le calze (cosa che a Parigi non si faceva) e fui presa da una grande serenità.

La baronessa Frieda von Bülow, che conoscevo fin dal periodo di Tempelhof, è stata l'unica donna a me veramente vicina in quegli anni. Nel 1909 mi è stata strappata, morendo prematuramente appena cinquantenne. Durante il mio soggiorno a Parigi era appena tornata dal suo secondo viaggio nell'Africa orientale tedesca, e si era fermata da me, attesa anche da sua sorella, la stessa Sophie von Bülow con la quale avevo venduto i fiori di madame Zwilling. L'anno dopo mi raggiunse in Russia per far visita a mia madre e ai miei fratelli; rimase legata a Eugène da un'amicizia profonda. Tre dei suoi fratelli erano morti per un incidente: due fratelli minori e Mathilde von Bülow, già nota come scrittrice, erano finiti sotto il ghiaccio nel tentativo di salvare un ragazzo che stava per affogare. Nonostante la sua volontà quasi maschile e la sua forte vitalità, che l'avevano spinta all'epoca dei successi di Carl Peters nell'Africa orientale, Frieda tendeva alla depressione. Soleva definire se stessa un misto di vitalità e stanchezza e vedeva in questo la sua appartenenza a una stirpe antica e decadente, che infine si estingue spinta dal desiderio di sottomissione, di rinuncia a sé.

Nel 1895 eravamo state insieme per qualche mese a Vienna. Conoscevamo il cerchio dei letterati viennesi per mezzo di quello berlinese. Già a Parigi ero stata in corrispondenza con Arthur Schnitzler, intorno al quale si riunivano Richard Beer-Hofmann, il giovanissimo Hugo von Hofmmansthal, che continuava a portare la divisa degli ussari del suo servizio militare, da Felix Salten e altri con i quali ci si soleva incontrare – al di fuori delle relazioni personali – quasi ogni sera al caffè. Così partecipavo alla vita intellettuale viennese nelle sue manifestazioni più caratteristiche. Avevo due stanzette nella dépendance di un ottimo albergo vicino al duomo di Santo Stefano, arredate con molto gusto. Il ricordo delle ore passate lì in conversazioni e discussioni e il ruolo che vi svolgevo, lo si può ritrovare nella prima opera di Peter Altenberg *Io la penso così*. Tentando di descrivere l'atmosfera viennese, paragonata a quella di altre metropoli, mi sembra che la sua caratteristica più spiccata sia da ricercare nell'unione fra la vita intellettuale e quella erotica. Il tipo del *viveur* che altrove è nettamente distinto dal borghese e dal pensatore, qui non è una categoria a sé, per cui anche il più serio impegno intellettuale o artistico confluisce in un atteggiamento che rende ogni ambizione meramente utilitaristica meno aspra. La rivalità tra amore e ambizione poteva quindi coesistere con legami d'amicizia tra uomini che traevano da questa origine particolare una forma molto ricercata, che non cessava di stupirmi. Nessuno meglio di Arthur Schnitzler conosceva questo stato di grazia intellettuale, in cui si esprimeva l'aspetto forse più solare della sua esistenza, oscurata per il resto da una lieve malinconia. Ma probabilmente lui avrebbe potuto compiere la propria maturazione spirituale senza alcun travaglio, se il suo demone l'avesse costretto a scegliere tra l'amore e l'ambizione.

Peter Altenberg era un uomo piuttosto schivo – non però con gli amici. In sua compagnia si aveva l'impressione di trovarsi di fronte non già a un essere umano, bensì a una creatura d'altra specie. Il suo celebre motto: «*Mon verre est petit, mais je bois dans mon vene*» ne offre un'immagine assai precisa, a condizione di porre l'accento più su *mon* che su *petit*: poiché l'originalità e l'incanto delle prose brevi di Peter Altenberg nascono proprio dalla sua inspiegabile capacità di trattenere tutti i personaggi, sia maschili che femminili, al di qua della soglia dell'età adulta, trasfigurando il loro indugio nell'infanzia in una particolare disposizione d'animo che si esprimeva mirabilmente anche nel suo carattere.

Tutte le volte che mi trovavo a Vienna andavo a trovare, accompagnata da Fritz Mauthner, Marie von Ebner-Eschenbach, che vidi per l'ultima volta nel 1913, pochi anni prima della sua morte. Le ore passate con lei mi sono indimenticabili, per il silenzio e, direi, la sostanzialità dell'essere che emanava. Sembrava che facesse apposta a farsi così piccola e i suoi occhi grigi, questi occhi infinitamente sapienti, ti guardavano dal basso come per nascondersi, per non tradire tutto ciò che intensamente traspariva da ogni sguardo, da ogni gesto, da ogni sua parola. L'impressione che di lei si riportava era insieme quella di un segreto e di una rivelazione, impressione che ho conservato nel calore raccolto di una segreta presenza.

La bellezza dei dintorni di Vienna invita alle gite in campagna ed è là che spesso continuano i rapporti sociali e d'amicizia. Nell'estate dello stesso anno mi incontrai con degli amici a Innsbruck e nel Salzkammergut. Io riuscivo a far mia un'esperienza solo in mezzo a boschi, grandi distese, alla presenza del sole o delle montagne, che in fondo conoscevo così poco, se si prescinde dai miei viaggi in Svizzera da bambina in compagnia dei miei genitori. Passai l'inverno ancora a Vienna e nell'estate dello stesso anno facevo delle escursioni in montagna. Mi ricordo ancora bene una lunga gita a piedi insieme a un amico; partendo da Vienna, attraversammo la Carinzia e passando gli Alti Tauri giungemmo a Venezia; una breve, ma forte impressione mi è rimasta impressa di questo lento cammino, durante il quale sostavamo a lungo nei punti più belli: dovevamo arrivare prima dell'alba a un ghiacciaio degli Alti Tauri, ma ritardammo alquanto perché ai suoi pendii ci era stata segnalata la presenza di un toro in amore; per catturarlo, fummo seguiti dagli abitanti di un villaggio in alta montagna, in stato di estrema eccitazione e insolitamente armati. Lo scorgemmo per la durata di pochi minuti: separato da noi da un profondo precipizio, stava sulla roccia di fronte, eretto, di profilo: immagine di potenza e passione, «pari a Dio» nell'accezione antica. E siccome era abbastanza distante e potevamo ammirarlo senza alcun pericolo, indugiammo ammutoliti dinanzi a tanta bellezza. E io continuavo ancora a pensarci quando, ormai soli nell'oscurità della sera, battevamo col pugno sui sassi del ghiacciaio per vedere se sotto vi fosse nascosta una capanna come nella fiaba.

Di ritorno dall'Italia, in viaggio verso il nord attraverso la Germania, potei ammirare il rapido avvicendarsi di *tre primavere*. Mai il sud aveva travolto tutti i miei sensi nel suo trionfo; a scorno dell'inverno, simile a un lunghissimo mese di maggio, era arrivata una primavera radiosa che ben si guardava, però, dal confondersi con l'estate. Si aveva così l'impressione che, al di là delle apparenze, ogni singola stagione disponesse di una riserva inesauribile cui attingere secondo il suo capriccio, e che, *se* soltanto gli uomini fossero stati più sensibili e attenti, avrebbero potuto riconoscere l'incommensurabile anche nelle cose più terrestri. Ero talmente ebbra di quell'esuberanza della natura che potei perfino apprezzare il clima flemmatico dell'Europa centrale, talvolta così irritante con quel suo continuo asciugarsi pioggia e grandine dagli occhi e incoraggiare i boccioli non ancora dischiusi, affinché non rinuncino a fiorire. Gioivo delle violette e di tutte le piccole bellezze più squisitamente «sentimentali»; il mio cuore godeva di quella primavera meno irruente, e forse per questo ancor più amena. Non posso dire molto, invece, del terzo preludio all'estate vissuto durante quel viaggio – quello all'estate nordica, che adoravo sin dall'infanzia. A lungo attesa e quasi inafferrabile nella sua brevità, essa si annuncia in un chiarore che pare non aver mai fine. Quando, nel cuore della notte, si ode il canto del cuculo oppure quello dei contadini che rientrano dai campi, non nasce il desiderio di esortarli a finire il lavoro prima che la breve estate fugga via, e ci si illude invece che il tempo abbia interrotto il suo corso e posto fine alla contesa fra il giorno e la notte, l'alba e il tramonto.

Lasciata Vienna e tornata a casa, fui presto tutta presa da un nuovo desiderio di solitudine; inoltre dovevo utilizzare il tempo per scrivere i miei saggi, così come in precedenza mi ero dedicata alla critica teatrale.

L'unica mia distrazione erano le passeggiate che mi portavano in campagna, a Lichterfelde, dove abitava Frieda von Bülow, in casa della sua parente, la baronessa Anna Münchhausen-Keudell; aveva due stanze piene di bellissimi mobili antichi e di oggetti esotici dell'Africa orientale d'oggi. All'inizio del 1896 avevamo deciso di andare per un po' di tempo a Monaco: lì incontrai l'altra donna che mi sarebbe diventata intima amica e alla quale sono sempre rimasta molto legata (abbiamo anche quasi la stessa età), fino alla nostra morte.

Helene von Klot-Heydenfeldt era di Riga, nella regione baltica, e si trovava di passaggio a Monaco insieme alla madre e alla sorella. Dopo la lettura della *Sonata a Kreuzer* di Tolstoi, aveva scritto un buon libro dal titolo *Una donna*; conosceva bene la Germania e l'anno dopo sposò l'architetto Otto Klingenberg; quando più tardi, molto più tardi, andai da Gottinga per alcuni mesi a Berlino, Helene Klingenberg mi avrebbe ospitato a casa sua. La differenza fra Helene e Frieda era quella che intercorre fra un ragazzo bruno e una vergine bionda. E se la sete d'avventure spingeva Frieda nei Paesi più lontani, il destino di Helene, che sulla sua lapide voleva incise le parole bibliche: «Dolce è stata la mia sorte», era seguito dal suo incondizionato amore per l'essere moglie e madre. Con Frieda avevo avuto delle discussioni molto stimolanti a causa delle nostre diversità di carattere, diversità che io sapevo accettare e che invece lei rifiutava. A Helene dovevo essere legata invece da una nascosta, ma profonda affinità; ciò non impedì che la mia strada fosse completamente opposta alla sua; ma questo non aveva alcuna importanza perché, nella sua grande capacità di amare, mi tollerava così com'ero, anche quando ero insopportabile. La partecipazione alla vita collettiva era minore a Monaco rispetto a Parigi oppure a Vienna; anche l'ampiezza e la bellezza delle sue strade era più vuota, come se richiamasse al raccoglimento. La vita di società si svolgeva nell'ambito di alcune famiglie di letterati o in qualche locale di Schwabing. Fra i conoscenti che si erano trasferiti a Monaco – fra cui Max Halbe, Frank Wedekind, la casa editrice Langen e più tardi anche la famiglia Björnson – ero più attratta da un compatriota di Helene che lei però non conosceva: il conte Eduard Keyserling, che già in quel periodo cominciava a diventare cieco; quando, anni dopo, tornai a Monaco, fui molto rattristata nell'apprendere che era morto. Con altri – come ad esempio Ernst von Wolzogen, Michael Georg Conrad – ho parlato solo occasionalmente; della generazione giovane conoscevo più di ogni altro Jakob Wassermann, che aveva acquistato già una larga fama con il suo eccellente libro *Gli ebrei di Zirndorf*. Sono diventata e rimasta amica di August Endell che, occupandosi di arte applicata e architettura, divenne, più tardi direttore dell'accademia d'arte di Bratislava. Provo angoscia nel rendermi conto che questo ricordo è già un necrologio per quest'uomo giovane e malato, esposto alla solitudine. È il ricordo di una vicinanza indimenticabile.

In occasione di un appuntamento al teatro Jakob Wassermann mi portò nel loggione un suo amico che voleva farmi conoscere: René Maria Rilke.

VII. Con Rainer Maria Rilke

Nelle cosiddette «case ducali» della Schellingstrasse a Monaco, in cui avevo preso alloggio agli inizi del 1897 insieme a Frieda von Bülow, per un po' di tempo mi erano state inviate poesie anonime. Una sera di primavera al teatro, Jakob Wassermann mi presentò Rainer Maria Rilke. Dalla calligrafia della sua prima lettera riconobbi l'autore di quelle poesie. Rilke ora mi leggeva brani anche di altre opere, fra cui *Le visioni di Cristo*.

A partire da questo momento la trasformazione di René Maria nel più familiare Rainer, era questione di poco. Ci mettemmo alla ricerca di un posto vicino in montagna. Trasferendoci a Wolfratshausen, cambiammo casa due volte. Nella prima Frieda abitava con noi, nella seconda, una casa colonica costruita nella roccia, i proprietari misero a nostra disposizione la stanza sopra la stalla. La foto, fatta più tardi, avrebbe dovuto ritrarre anche la mucca, che però si rifiutò di mettere fuori la testa dalla porta; in compenso si era messa davanti la vecchia contadina, mentre sopra il tetto la strada si perdeva visibilmente nel paesaggio. Su tutto sventolava la nostra bandiera, di lino grezzo, dipinta di nero da August Endell e con la scritta apportata a mano «Pace di Lou». Endell divenne presto l'amico di Rainer e ci aiutò anche a dare una nota personale alle nostre tre stanze attigue, arredandole con belle coperte, cuscini e altro mobilio. Verso l'inizio dell'autunno mio marito ci raggiunse insieme al nostro cane Lotte, e venne a stare un po' con noi. Qualche volta ci faceva visita Jakob Wassermann insieme ad altri. Quando abitavamo ancora nella prima casa, ci venne a trovare un russo che conoscevo da San Pietroburgo (anche se non ne conservo un buon ricordo), insieme al quale mi dedicai allo studio della lingua russa.

Sebbene giovanissimo, Rilke aveva già scritto e pubblicato parecchie poesie e novelle e, tra le altre cose, era stato l'editore della rivista «Wegwarten». Il suo fascino non era quello del grande poeta ma era dovuto alla sua straordinaria natura d'uomo. E questo, sebbene fin da bambino avesse sentito ineluttabile la sua vocazione poetica, senza mai dubitarne. Ma proprio perché posseduto da questa sicurezza «onirica», non tendeva a sopravvalutare ciò che aveva già scritto, considerandolo anzi nient'altro che uno stimolo per altri sperimenti espressivi in cui lo sforzo tecnico, la lotta con la parola, si impigliava ancora quasi necessariamente nell'eccedenza sentimentale. Questo «sentimentalismo» trovò una delimitazione nel suo carattere, rimanendo così nell'ambito delle necessità tecniche. Poiché in fondo proveniva dalla stessa immensa sicurezza innata di Rilke, quella cioè di poter arrischiare l'espressione poetica del proprio sé. Anche se apostrofato per scherzo in una lettera del suo amico Ernst von Wolzogen – «Puro Rainer, immacolata Maria» – la sua situazione interiore non denotava nessuna inclinazione alla speranza infantile o effeminata, ma già una specie di virilità: una delicata signorilità impossibile da scalfire, a lui congeniale. A questa non si contrapponeva nemmeno la sua tendenza all'angoscia nei confronti delle influenze esterne, considerate minacciose perché estranee a lui. Interpretò questa minaccia non come rivolta alla sua persona, bensì a quello che gli era stato affidato in custodia. Da qui un'indissolubilità della sfera intellettiva da quella sensuale, un'oscillazione reciproca dell'una nell'altra: integro e sereno, l'uomo si realizzava nell'artista, e l'artista nell'uomo. La sua commozione, da qualunque cosa fosse causata, non sapeva ancora scindersi e non conosceva dubbi, esitazioni o contraddizioni al di fuori dell'irrequieto sviluppo della sua realizzazione poetica. A Rilke si confaceva in sommo grado ciò che si designa con l'espressione «grazia virile»: semplice nonostante la grande sensibilità e indistruttibile nell'armonioso accordo di tutte le manifestazioni vitali. A quel tempo sapeva ancora ridere, godere spontaneamente delle gioie della vita.

Pensando al poeta, quale sarebbe diventato da lì a qualche anno, già vicino al traguardo della perfezione della sua arte, risulta evidente che questo sforzo doveva costargli l'armonia della sua personalità. Senza dubbio *ogni* attività artistica contiene il pericolo di una tale rivalità con la vita, ma questo pericolo era sensibilmente superiore per Rilke, perché il suo ingegno era tutto volto al poetico superamento dell'indicibile, al tentativo di esprimere l'inesprimibile con la veemenza delle sue poesie. Così gli doveva accadere più tardi che la piena realizzazione di sé e la realizzazione del suo genio artistico non si stimolavano reciprocamente, ma anzi crescevano da rivali. Le esigenze dell'arte da un lato, e quelle della pienezza umana dall'altro, giunsero a una netta contrapposizione nel momento in cui le capacità poetiche trapassarono nella realtà esclusiva dell'opera. Questa svolta tragica si stava ineluttabilmente preparando.

Prima che si manifestasse completamente, dovevano passare degli anni. Il materiale, destinato a confluire nella poesia si accumulava in crescente abbondanza e chiarezza, ma le settimane e i mesi creavano dei vuoti di sofferta attesa. Allora ebbi per la prima volta paura per Rilke; mi sembrò che *ogni* tipo di lavoro o attività, svolti con semplicità e senza pretese, fossero migliori della vana attesa e dei tormenti che infliggeva a se stesso. Giungemmo a chiamare queste attese per scherzo «la decisione di fare il bigliettaio». Poi vi erano altri momenti in cui ci liberavamo di tutte le preoccupazioni, poiché la minaccia della malattia che, a volte, si profilava come l'oscuro destino di Rainer, conferiva nello stesso tempo uno slancio che ci stimolava a speranze inaudite.

Il nostro incontro, avvenuto fra la gente, si era da tempo trasformato in un'intimità a due, condivisa in ogni attimo. Rainer partecipava senza riserve alla nostra modesta esistenza alla periferia di Berlino, vicino al bosco di Schmargendorf, distante solo pochi minuti. Durante le passeggiate nel bosco, cerbiatti domestici annusavano le tasche dei nostri cappotti, mentre camminavamo scalzi, cosa che ci aveva insegnato mio marito. Nel piccolo appartamento, in cui la cucina era l'unico ambiente dove stare, oltre alla biblioteca di mio marito, Rainer mi assisteva spesso quando preparavo da mangiare, soprattutto se si trattava del suo piatto preferito: avena russa in pentola o Boršč. Aveva imparato a rinunciare a tutte quelle pretese di lusso e di comodità che prima gli avevano reso intollerabile qualsiasi restrizione. Con indosso una camicia russa di color azzurro, bordata di rosso sulle spalle, mi aiutava a spaccare la legna o ad asciugare i piatti, mentre per il resto ognuno di noi continuava indisturbato a preoccuparsi dei propri studi. Ma da quando avevamo definitivamente progettato il nostro viaggio in Russia, Rilke si dedicava con entusiasmo allo studio della lingua e della civiltà di questo Paese, la cui letteratura gli era da lungo tempo familiare. Mentre in un primo momento volevamo andare con mio marito nel Caucaso e in Persia, dopo il fallimento di questo progetto partimmo in tre, a Pasqua del 1899, per San Pietroburgo e Mosca. Solo l'anno dopo Rilke e io dovevamo intraprendere un viaggio più lungo.

Sebbene in ordine cronologico la visita a Tolstoj a Tula non fosse la prima cosa per noi, la sua figura costituì per così dire la porta d'accesso alla Russia. Se in un primo momento la profondità dell'animo russo fu dischiusa a Rilke da Dostoevskij, doveva poi essere Tolstoj – a causa della potente suggestione poetica di tutte le sue narrazioni – a rappresentargli l'uomo russo per antonomasia. La seconda visita, nel maggio del 1900, non ebbe luogo come la prima nella sua casa invernale a Mosca, ma a Jasnaja Poljana. La personalità di Tolstoj poteva essere percepita nella sua pienezza solo in campagna, non nella sua stanza in città, per quanto il padrone di casa si mostrasse a suo agio portando camicie rammendate da sé o facendo lavori artigianali o, a tavola, insieme alla famiglia, mangiando avena e zuppa di cavoli che apertamente contrastavano con i cibi prelibati degli altri commensali.

L'impressione più forte la dovevamo riportare da una breve *passeggiata* a tre. Alla domanda: «Di che cosa si sta occupando in questo momento?», Rainer aveva risposto timidamente con: «Di poesia», che fece addensare sulla testa di Tolstoj uno sfogo accaldato sull'inutilità di ogni poesia, sfogo che però non fu portato a termine perché, al delimitare del podere, uno spettacolo straordinario attirò la nostra attenzione. Ci si era avvicinato un vecchio pellegrino che con ripetuti inchini non si stancava di salutare. Non chiedeva l'elemosina, salutava soltanto, come tutti quelli che venivano da lontano per rivedere i loro santuari e le loro chiese. Senza curarsene, Tolstoj passò oltre, mentre noi con gli occhi lo seguivamo, fissando ogni movimento della sua testa, ogni sosta nel suo modo brusco di camminare. Essendo l'inizio dell'estate i prati traboccavano di fiori variopinti, che raramente si possono vedere fuori dalla terra russa. Perfino nell'ombra del bosco una quantità di non-ti-scordar-di-me di grandezza straordinaria ricoprivano il suolo. Tolstoj, parlando animatamente, si chinava improvvisamente per cogliere con una mano questi fiori, allo stesso modo con cui si cattura una farfalla. Stringeva i fiori forte sul suo volto, quasi li volesse incorporare completamente, per poi farli ricadere per terra con noncuranza. Da lontano riecheggiavano i saluti del contadino-pellegrino e lo sterminato fiume di quelle parole indistinte pareva condensarsi in un: «Che ti abbia potuto rivedere un'altra volta!», e noi, dal fondo del nostro sentimento comune, trasformammo questo saluto in un atto di riconoscenza: «Che ti abbiamo potuto vedere un'altra volta!».

Forse questo momento ha contribuito all'eccesso rilkiano per cui si aspettava da ogni contadino la potenziale unione fra semplicità e profonda spiritualità. Qualche volta però aveva ragione. Un giorno, durante una nostra visita alla pinacoteca moscovita di Tret'jakov, uno dei contadini che erano insieme a noi disse, chiaramente insoddisfatto, davanti a un quadro: «Bestiame al pascolo! Vacche! Le conosciamo! Non ce ne importa nulla». L'altro lo corresse dicendo: «Queste qui sono dipinte proprio perché ti riguardano. Sono dipinte, vedi, perché tu le devi amare. Le devi amare anche se non te ne importa nulla, ecco». Stupito da questa sua spiegazione, il contadino, con aria interrogativa, si voltò verso Rilke che gli stava accanto. E il vero avvenimento divenne Rainer Maria Rilke: estasiato fissò il contadinotto e poi esclamò nel suo russo imperfetto: «Tu lo hai capito!».

Finalmente arrivammo alla meta desiderata da Rainer: l'uomo e il paesaggio del Volga, che percorremmo da valle a monte, da nord a sud fino a giungere al di là di Jaroslavl'. Qui per un po' di tempo potevamo riposarci in un'isba, la tipica capanna dei contadini russi. Scendendo e risalendo senza sosta il Volga in battello, la vedemmo sperduta nell'aperta campagna, nuova, fatta di betulle non scorticate, odorante di resina. Una giovane coppia di contadini l'aveva costruita fra le travi, già affumicate e scurite dall'azione del tempo, di una vecchia capanna. Una panca che correva tutt'intorno, un samovar e un materasso di paglia formavano l'interno. La stalla accanto che era vuota conteneva un secondo materasso, però la contadina vicina ci assicurò con ingenuità che il primo era largo a sufficienza. Quante volte siamo scesi dai battelli del Volga, ospiti di contadini e perfino nella capanna del poeta-contadino Drozin? Non ci sarebbero da riempire interi libri per descrivere ciò in cui ci impegnammo con crescente intensità d'interessi? Non abbiamo forse passato molti anni così? Erano davvero solo giorni, settimane, appena qualche mese? Però di volta in volta tutto si ricondensava nell'immagine di un'ora passata nell'isba. Sempre ci doveva riaccadere ciò che ci accadde lì, seduti poco dopo l'alba sull'uscio della capanna davanti al samovar bollente mentre guardavamo divertiti i polli che, accorsi dalla capanna accanto, ci venivano a far visita come per fornirci personalmente le uova per la prima colazione.

Per Rilke le capanne incontrate sulla nostra strada simboleggiavano il significato e le promesse della Russia. Fatta di tronchi di betulle, dal comignolo intarsiato o dipinto nei vivaci colori dei contadini, che lasciavano alla corrosione delle stagioni l'opera di scolorirli; ognuna di queste capanne significava un tetto ove riposarsi, ove riprendere respiro per la durata di un attimo, così come Rilke aveva agognato prima che cominciasse il nostro pellegrinaggio, così come ne aveva bisogno per riuscire nel compito che lo attendeva. La storia di questo popolo era fatta di sofferenza e miseria, eppure nella sua natura primitiva aveva saputo conservare una rassegnata speranza. Così Rilke aveva accettato, dal più profondo del suo essere, la sua missione che, ancora sicura di sé, assorbiva ogni contrarietà tesa a violentarla. Il popolo ravvisava il suo destino in «Dio», che non era visto come forza trascendentale capace di annullare le sue sofferenze, ma gli dava la semplice sicurezza di una vicinanza che sbarrava la strada ad ogni forza che tentasse di distruggerla. Rilke non attinse questo Dio né dalla storia né dalla religione del suo nuovo ambiente. Fece confluire nella storia e nella religione russa i suoi più intimi bisogni religiosi, finché l'inno e il grido straziante insieme divennero parola, preghiera.

Non bisogna però farsi trarre in inganno: il Dio del *Libro d'ore* non è indistintamente identico a quello attinto dalla religiosità russa. Accanto all'atteggiamento di incondizionata fiducia nella protezione divina, vi si riscontra anche l'opposto: l'uomo che emula la creatività di Dio, che diventa lui stesso creatore del divino e che accoglie la divinità nella *sua* protezione umana. Ma la presunzione non annulla la sua devozione, tanto grande da comprendere tutti i sentimenti, dal brivido dell'umiltà fino alla più dolce tenerezza. Tale è l'effetto di queste due poesie:

E tu?... Caduto sei, vedi?, dal nido:
da quel tiepido nido... Un uccellino,
con le zampette gialle e gli occhi immensi!
E mi fai male... Troppo grande sembra,
per accoglierti su questa mia mano...
Attingo, dal ruscello, con un dito,
una goccia sola. Ascolto intento
se da te venga un rantolo di sete.
E avverto il cuore mio con il tuo cuore
batter, convulsi, della stessa angoscia.

E ancora:

Noi lavoriamo con mani tremanti
a costruirti, Dio, pietra su pietra.
Ma chi potrà condurti a compimento,
o Cattedrale?

Ancora non vi è contraddizione interiore in tutto ciò, niente che sorpassi i limiti della devozione, nessuna espressione poetica che non vi rifluisca con un moto circolare. Sotto l'impeto di *tutti* i sentimenti umani esistenti fu creato il «Dio» della sua poesia perché, in un abbandono di incondizionata fiducia, questi si realizzava in essa come armonia e ordine imperscrutabile.

Poiché nella *devozione* e nella *preghiera* viene mobilitato tutto quello che ci travaglia, fino ai margini della cosciente immaginazione sensibile, trasmutandosi in raccoglimento interiore e in introspezione. Tutte le estasi (anche se hanno cause remote) sono legate in un unico centro sconosciuto. Che cosa infatti sta alla base del concetto divino per il credente? Non è forse l'evocazione di ciò che, appena raggiungibile dalla coscienza, ma già sottratto a una motivazione cosciente, ci appare come altro da noi sebbene ci comprenda? Per questo spesso non resistiamo alla tentazione di oggettivarlo, denominandolo dal fondo più intimo della nostra propria essenza.

Ma la preghiera, intesa come ratifica del sentimento religioso, presuppone a sua volta punte altissime di bisogno interiore, di gioia, di isolamento o di esaltazione. Se da quest'apogeo, in un atto di spontanea creatività, si trasforma in *poesia* accade in fondo un fatto paradossale, per cui causa ed effetto si invertono: l'avvenimento collaterale, la verbalizzazione, non si identifica più con l'esperienza stessa, ma diventa – almeno parzialmente – essa stessa pulsione e meta pulsionale autonoma.

L'inizio di un tale processo in Rilke si manifestò già nella genesi del *Libro d'ore*, durante il primo viaggio in Russia, ma fu solo il secondo viaggio a rendere evidente il dissidio interiore del tutto, perché solo allora Rilke era capace dell'incondizionato abbandono alle sue impressioni e agli incontri. Si è lamentato successivamente che l'intensità di queste impressioni avesse prodotto solo poche «preghiere». Ma ciò si doveva al fatto che le viveva: la preghiera e il suo esaudimento si identificavano quale realtà aprioristicamente data e, se l'espressione poetica era appena abbozzata o mancava del tutto, si realizzavano appieno in Rilke stesso, nello straordinario spettacolo che gli forniva il suo mondo interiore in quei momenti. Continuava però ad essere sempre combattuto fra l'attesa e l'ansiosa ricerca tesa a trovare la forma definitiva che doveva confermargli saldamente l'autonomia espressiva. Si logorava nell'impazienza, pronto ad accogliere le impressioni come simboli, in cui già gli si condensava l'esperienza di un dato esistenziale, nel desiderio di immedesimarsi in ognuna di esse per riuscire a esprimerle e nel bisogno contrario, originato dall'angoscia, di non perdere per questo ciò che già si agitava creativamente in lui. Si trovava quindi come magicamente incatenato sul posto, a lui congeniale, della quiete rivelatrice, e nello stesso tempo come alla finestra di un treno trascinato senza sosta da un luogo all'altro, percorrendo paesaggio su paesaggio, privato per sempre della possibilità di farvi ritorno. Ancora anni dopo parlava di qualcosa di irrimediabilmente perduto, di vuoti di memoria analoghi a quei vuoti che riguardano il materiale della primissima infanzia. Una volta a voce bassa e trattenuta citò questi versi:

Fa' ch'Ei risappia la lontana infanzia:
l'inconscia maraviglia di quegli anni,
vaghi e presaghi: il dovizioso regno,
buio infinito, delle antiche fiabe.

Strettamente collegato a questo problema vi era lo sforzo segreto di «rivivere la sua infanzia»; il desiderio di poterla cogliere magicamente in una visione, malgrado i tanti ricordi che lo facevano rabbrividire. Poiché, nonostante il suo rapporto spesso assai problematico con essa, la prima infanzia era la fonte della sua sicurezza originaria che non trova apporto che in se stessa. Sperava che dal suo fondo si sprigionasse la grande forza, necessaria all'opera che era chiamato a creare.

Io credo in tutto ciò che non fu detto.
Vo' liberar la piena de' miei sensi,
che son colmi di te, Signore Iddio!
Ciò che nessuno ancora ardì volere,
proromperà da me senza ch'io voglia.
Se questa foga mia ti appar proterva,
perdonami, Signore!
E se questa è protervia, odiami allora:
al mio peccato indulgi
per la preghiera mia.

Anche se, in ogni caso, il problema della distribuzione delle proprie forze fra arte e vita può far nascere una rivalità fra le due, per Rilke l'oggetto della sua arte era Dio stesso, vale a dire quel qualcosa che esprimeva il suo atteggiamento nei confronti della sua più intima essenza. E questo in un'epoca in cui all'«arte religiosa» non veniva più fornita, dalle costrizioni dell'ortodossia vigente, una simbologia normativa. Si può forse arrivare a dire che la grandezza poetica di Rilke e la sua tragedia umana siano da ricondurre al fatto di essersi dissanguate in una creazione divina *priva di oggetto*. Per quanto irresistibile fosse nel credente lo stimolo creativo, non avrebbe però mai potuto intaccare l'onnipotente forza del suo essere compreso in Dio, che come tale non aveva bisogno di lui. Ora, la mancanza d'oggetto non diminuiva né cambiava l'atteggiamento di radicata religiosità in Rilke, ma il suo compito d'artista doveva necessariamente interferire nella sua vita, nel suo destino d'uomo: la minaccia del fallimento poetico minacciava ugualmente l'uomo in quanto identico a ciò che creava.

Il destino di Rainer doveva perciò ineluttabilmente sfociare nell'angoscia. Tale angoscia non era paragonabile a quella propria di tutte le nature sensibili e che riguarda il rischio, a cui tutti siamo esposti nella vita, della perdita dell'oggetto, né a quella che assale ogni artista nei momenti di sterilità creativa, bensì all'angoscia *totale* di essere inghiottito dal Nulla insieme a quella forza interpersonale, cioè Dio, che agisce sull'individuo e sul Tutto. Nella realizzazione di Dio, il poeta e l'uomo dovevano scontrarsi: infatti l'uomo non è che l'immediatezza dell'essere, il suo recipiente, il poeta invece è colui che, nel processo creativo, è chiamato a rendere reale quest'essere. In tutte le fasi creative, Rilke era spesso tentato di raffigurarsi il suo compito della realizzazione artistica di Dio come una specie di seduzione o tentazione, che lo spingeva a un'altezza tale da doverlo necessariamente sradicare dal suolo originario.

Lontano ero dagli angeli
in alto dove luce si dissolve nel Nulla,
e oscuro sprofonda Dio.

Gli angeli sono l'ultimo soffio
ai lembi della sua altezza.
Incomprensibile sogno sembra loro
di essere originati dai suoi rami.
In quei luoghi più alla luce credono
che alla nera potenza divina.
Lucifero si rifugge
nella loro vicinanza.

Egli governa la terra della luce
ripida la sua fronte s'alza
sul grande bagliore del Nulla,
che tutto abbagliato implora le tenebre.

Questa posizione di Lucifero caratterizza il punto di partenza del *percorso dell'angelo* nella poesia rilkiana. La natura di questa straordinaria impresa viene fissata fin d'ora nella poesia citata: gli angeli mantengono ancora la loro innocenza, ma già il gesto con cui indicano Dio come qualcosa sopra di loro diminuisce l'immediatezza del rapporto. Ma l'evoluzione di questo concetto non si arresta qui: in misura crescente la permanenza nell'ambito degli angeli dipenderà dall'ora e dalla forza del sussulto creativo. L'essere in Dio diviene secondario rispetto all'udienza presso l'angelo caduto per cui, all'acuirsi di questo dissidio, si arriverà alla completa interscambiabilità fra Dio e l'angelo.

Questo fatto è strettamente collegato con il cambiamento semantico che subisce in Rilke la parola *povertà*, che nella terza parte del *Libro d'ore* viene ancora nominata nel titolo. Il significato originario di *povertà* era contrassegnato dalla continua disponibilità verso l'essenziale, dal non lasciarsi fuorviare dalle cose secondarie, essenzialmente quindi da un atteggiamento teso alla conservazione della ricchezza interiore, poiché:

> Non è la Povertà se non l'immensa Luce,
> che su dall'anima trascende.

Nella stessa direzione andavano gli sforzi di Rilke per semplificare la vita di tutti i giorni, per rinunciare alle esigenze che lo imprigionavano, per non sprecare del tempo prezioso. Però nelle ore di improduttività creativa, si insinuava già allora il problema se, in ultima analisi, una parte dell'io non restasse sempre improduttiva e quindi destinata ad essere esposta alla trivialità e alla dispersione. Usando la metaforica rilkiana, si può sinteticamente desumere che, da un lato si riesce a percepire lo stormire delle ali degli angeli in alto, che passano la loro esistenza inneggiando a Dio, dall'altro ci si trova in mezzo a loro in uno stato d'inferiorità, segnato dalla povertà umana di non essere più compreso nell'onnipotente presenza divina, in cui la distinzione fra ricchezza e povertà si annulla in quanto è ricondotta all'eterna infantilità dell'essere originario. Anche la descrizione della miseria dei più miseri a Parigi assume toni infernali, pure quando si riferisce alla miseria prettamente materiale. Sebbene, nell'anno del suo soggiorno parigino, fosse logorato dall'angoscia della povertà materiale, questa diventò nello stesso tempo il riflesso della sua povertà spirituale, spingendolo alla disperazione. Questo sconforto ritornava in ogni sua parola (nelle lettere che allora mi scrisse e che in seguito furono trasposte nel *Malte Laurids Brigge*) con la grandezza sopraffacente di una poesia in cui il poeta marchiato dalla povertà innalza il suo sconsolato grido d'angoscia a un Dio che non sa amarlo.

Proiettato nella miseria, nella malattia e nella sporcizia, Rilke non vi rappresenta le sofferenze altrui, bensì le proprie, le stesse che erompono, tremende, in queste parole: «Spesso vorrei gridare che io non sono uno di loro». Dovuta alle sue crisi di sterilità creativa, la sua identificazione con tutte le deformazioni e tutte le perdizioni raggiunge un tale livello di assolutizzazione emotiva da assumere essa stessa la forza di un atto creativo. Quando, profondamente scossa da queste rivelazioni, gli scrissi a Worpswede che proprio la forza di tali crisi confutava la sua presunta incapacità creativa, Rilke mi rispose che, se era così, voleva dire che aveva imparato a «generare le cose dall'angoscia», dall'angoscia della morte.

Da qui si comprende tutto l'effetto liberatorio che gli derivò dal suo incontro con Rodin, dal quale apprese la realtà quale ci si raffigura, senza le deformazioni sensibili da parte del soggetto. Con il suo esempio, Rodin gli insegnò a unire la creatività artistica alla creatività della vita. La sua unica legge del *toujours travailler* lo faceva lavorare non per paura, nella quale poi rifugiarsi, ma con gli occhi ben aperti sulla realtà da modellare. Imparando a lavorare con partecipazione oggettiva e senza dipendere dagli stati d'animo del momento, apprese anche, con la paziente tecnica dell'artigiano, a sottomettere la vita di tutti i giorni alla supremazia dell'arte. In effetti, da lungo tempo il suo desiderio procedeva, presago, verso questa meta: già nel cenacolo d'artisti a Worpswede, già grazie a Clara Westhoff, l'allieva di Rodin che, ancor prima di diventare la moglie di Rainer e ancor prima che Rainer incontrasse Rodin, lo introdusse alla sua opera. Tuttavia, ancora dopo il soggiorno parigino, sopraggiunsero nuove ore di angoscia terribile, finché il sogno si avverò: finalmente trasferirsi presso Rodin, stargli vicino, soltanto in apparenza nelle funzioni di segretario privato, in realtà come un amico all'amico, in un mutuo, reciproco scambio senza limiti. In fondo fu proprio Rodin che aprì a Rilke tutto il mondo degli oggetti.

Con l'accesso al mondo oggettivo, cioè esterno, Rilke riuscì a dominare gli aborti della sua fantasia, l'abominevole inferno di tutte le perversioni e deformazioni. Mentre prima la sua morbosa ipersensibilità era rimasta vittima dell'angoscia, ora riusciva a conquistare, perfino negli stati ansiogeni, la distanza artistica necessaria per liberarsi dalla tensione, per scaricarla nell'atto di creatività poetica. C'è da chiedersi come mai abbia potuto imparare quest'autocontrollo per mano di Rodin. Forse è necessario tener presente che per Rilke il sistematico distacco dal reale comportava uno sforzo immane di natura psichica, per cui tutto si riferiva all'oggetto, impedendo qualsiasi rapporto di correlazione personale. L'emotività accumulata, tenuta forzatamente allo stato d'insensibilità si era *vendicata* in precedenza tante volte, scaricando l'abituale esaltazione di Rilke nella creazione di deformazioni annullanti la sensibilità stessa. Nel momento in cui imparò a scaricarla creativamente, gli si aprì un nuovo ambito che, nelle descrizioni, rivelatrici della miseria parigina, era rimasto allo stato preconscio. Non può però essere negato che l'accrescimento della libertà creativa implicava un altro pericolo, quello cioè di comprendere se stesso nei momenti di depressione e svalutazione di sé «nella vendetta delle cose». In una tarda lettera del 1914, Rilke definisce l'artista come colui che non è costretto a risolvere le contraddizione in se stesso, ma che esiste per logorarle in invenzioni e sentimenti, nelle cose, negli animali e, se necessario, nella mostruosità, ivi compresa la propria).

Risulta evidente quanto la disposizione originaria di Rilke, che sola poté creare il suo simbolo divino, fosse agli antipodi dell'atteggiamento di Rodin, nonostante l'amicizia.

La loro relazione personale non era quindi destinata a durare per questa loro intrinseca diversità, anche se apparentemente un malinteso quasi casuale aveva portato a un mutamento nei loro rapporti. Aiutato dalla salute e da una virilità ferrea, Rodin riusciva a vivere la meta primaria dell'arte senza pertanto dover rinunciare alla spontaneità della gioia e della distensione, che finivano anzi per riconfluire nell'arte come suo potenziamento. Emulare l'atteggiamento di Rodin, per Rilke significava trasformare l'atto creativo in un'incondizionata sottomissione al maestro, per cui la correzione della forte carica emotiva in fredda obiettività poté realizzarsi solo per mezzo di una tale contraddizione interna.

Questa trasformazione si estese anche al concetto di Dio nel *Libro d'ore*. Fuggito dagli orrori parigini, a Viareggio continuò a lavorarci. E questo proseguimento «mediterraneo» rivela le tracce del tentato cambiamento. L'oscura forza originaria di Dio, che arriva a proteggere perfino il più piccolo germoglio, si erige a potenza che opprime l'uomo. Tale concetto è quasi il ritorno a un suo incubo infantile rimosso, in cui aveva la sensazione di essere schiacciato da una minacciosa forza pietrificata. Nonostante questo, continuava a implorare l'aiuto divino:

Ma *tu*, Signore, sei. Fatti concreto!
E irrompi nella tenebra petrosa,
perché si avveri in me la mano tua;
e io divenga in te, con la montagna.

Il volto di Dio si rifà severo come quello dell'angelo, come quello del maestro Rodin che esige continua produttività. E ancora l'immagine si va mutando: l'angoscia e la creatività dell'uomo spingono la forza ciclopica a partorire la sofferenza e la morte, sottraendole per questo alla banalità del caso. Si realizzava così un desiderio di Rilke a cui aveva da sempre anelato:

> Dà, Signore, a ciascuno la sua morte.

La *morte* diviene il frutto creativo, il vero messaggio che involontariamente raccoglie il significato dell'artista condannato a consumare la sua vita nella creazione.

Irrimediabilmente dipendente dai momenti di elaborazione poetica, Rilke finì per essere preda di una crescente paura della morte, soprattutto nelle ore di sterilità. La morte «individuale», quella cui aspirava, conteneva una specie di consolazione perché comprendeva il proprio essere. Legato alla fertilità creativa, Rilke invece non poté trovare l'anello di congiunzione fra la vita e la morte.

Come artista però, l'incontro con Rodin lo portò a una rara perfezione. Chi conosce le *Nuove poesie*, che superano di gran lunga il *Libro delle immagini*, si può rendere conto del salto qualitativo. Ma non solo la sua produzione poetica fu portata alla perfezione tecnica attraverso il distacco dal sensitivismo puro. Anche il suo grande lavoro in prosa il *Malte Laurids Brigge* è dovuto al periodo rodiniano. Quest'opera è sempre stata considerata da Rilke, ingiustamente, la sua espressione più soggettiva. Malte infatti non è il suo autoritratto, ma l'adozione dell'autoritratto allo scopo di prenderne le distanze. Anche laddove i dati autobiografici vi confluiscono in maniera diretta (e non solo nella parte che tratta dell'infanzia di Malte), tendono ad essere oggettivati nell'atto creativo, nel tentativo di riuscire ad allontanare e deviare da sé la tragica fine di Malte. In una lettera del 1911, rimasta al castello di Duino e da me già citata nel mio libro su Rilke, si trova il seguente passo:

> Forse questo libro doveva essere scritto nella stessa maniera in cui si accende la miccia. Forse appena finito, avrei dovuto distanziarmene il più possibile. Ma ho tuttora troppo radicato il senso del possesso per potermi abbandonare alla povertà incondizionata, anche se questo è probabilmente il mio compito decisivo. Sono stato così ambizioso da voler investire tutto il mio capitale in un'impresa perduta. D'altra parte l'in-

tera ricchezza poteva evidenziarsi solo da questa perdita. Mi ricordo che il Malte non mi è sembrato tanto uno sfacelo, quanto piuttosto un'oscura resurrezione, diretta in una parte abbandonata del cielo.

Non può non commuovere l'estremo coraggio con cui Rilke cercava di oggettivare la sua confessione, come se nello stesso tempo ordinasse alla sua esaltazione poetica di spiccare il volo e di restare ancorata a terra. Si abbandonava alla pura gioia creativa, a una gioia sconosciuta fino al soggiorno parigino, come se assumesse nei confronti del suo Malte lo stesso atteggiamento di Dio, incapace di rispondere all'amore dell'uomo. La mancata corrispondenza dell'amore divino è condizione necessaria per riuscire a penetrare nelle più inaccessibili intenzioni divine. Da allora, l'abbandono incondizionato all'amato assume maggiore importanza dell'essere amati: il ritorno del figliol prodigo simboleggia l'equivoco di una religiosità che mira al proprio tornaconto, anziché partecipare a tutta la ricchezza e sovrabbondanza attraverso la rinuncia a sé e la sottomissione. Solo così i più poveri diventano i più ricchi e i più infimi santi e benedetti.

Prima della realizzazione delle *Elegie* e dei *Sonetti a Orfeo*, lo stimolo maggiore per Rilke era costituito proprio da questa contrapposizione neutralizzabile fra ricchezza e povertà. Era attratto, più che da qualsiasi opera letteraria, dai destini singolari, come quello dell'amore femminile che, per quanto potesse essere sofferto e offeso, raggiunge il vero possesso di sé solo per mezzo della completa rinuncia.

Negli anni della genesi delle *Elegie* di cui mi faceva via via pervenire dei frammenti, Rilke esaltava, oltre agli innamorati, anche l'uomo d'azione. Così nella poesia *Frammento*, dalla sesta elegia:

Per le soste d'amore, si scagliava, l'eroe
più in alto, su, lo travolgeva in volo
il palpito per lui di ciascun cuore.
Ma già rivolto altrove, egli sorgeva
ritto al confine estremo dei sorrisi,
trasfigurato.

Mi è rimasta quasi letteralmente impressa una conversazione con lui, un pomeriggio d'estate, quando, avendo terminato il *Malte*, aveva deciso di non scrivere più niente, per far confluire l'arte nella realtà della sua vita. Si parlava dell'amore, che trae la sua forza da un'illusione che sprigiona un'energia erotica e creativa tanto più vigorosa quanto meno ne è legittimata dal suo oggetto. Allora Rilke gridò disperato quanto avrebbe desiderato poter essere creativo, come lo sono quegli innamorati destinati a vivere la più profonda avventura umana. L'artista invece non fa che scorgere un esistente al di sopra degli oggetti personali, traendo proprio da lì la sua energia creativa. Nel momento però in cui questa energia gli viene meno, è destinato a fallire non solo come artista, ma anche come uomo, poiché l'esistente non sa niente del soggetto, in quanto non gli necessita per esistere. Solo l'artista ne ha bisogno come unica fonte possibile per prendere coscienza di sé.

Queste crisi depressive ravvisavano con estrema evidenza quanto la natura originaria di Rilke anelasse, al di là dell'opera d'arte, anche la più perfetta, all'esperienza vissuta, alla *rivelazione della vita* come unica fonte di quiete e di pace. Si può comprendere allora la gioia con cui, quasi di getto, stese le *Elegie*: «Esistono, esistono», non solo come opera, ma come l'arcano dell'esistenza stessa in cui la creatività e l'oggettività dell'essere, di cui era stato gratificato, raggiungevano un'unità inscindibile. Il volto severo dell'angelo, che dall'alto lo guardava sfidandolo, si mutò nuovamente nella figura del Dio senza volto in cui l'uomo si immerge come nell'espressione originaria di tutta la vita. Il grido che si elevava senza essere esaudito, diveniva nello stesso tempo il riposo in Dio, la cui essenza si fonda sull'impossibilità di *non esaudire*.

Fin da giovane, gli era estremamente difficile aspettare fiducioso il ritorno dei momenti di creatività. Il suo organismo non solo si logorava nell'attesa, ma reagiva alla sterilità produttiva con attacchi di isterismo. La titubante disposizione all'azione veniva sopraffatta da stati di tensione che minavano la sua salute. Qualche volta per scherzo, il più delle volte disperato per la passività con cui li subiva, Rilke soleva chiamarli «la sua produttività pervertita» e definiva il suo corpo «la scimmia dello spirito». Questa tensione si insinuava anche nei rapporti di natura meramente psichica, quando intensificava al massimo gli stati di sradicata esaltazione per riuscire a dimenticare che in verità non desiderava altro che vivere la vita reale. Ma già nel mezzo di queste fasi, o immediatamente dopo, le avvertiva come puri meccanismi di compensazione della vita che non riusciva a vivere. E questa reazione era particolarmente dolorosa laddove rifiutava il disinteresse, la bontà, la stima e l'amicizia di coloro che fino all'ultimo arricchivano la sua esistenza.

Rientra nella stessa problematica, secondo me, la temporanea occupazione di Rilke per l'occulto e la parapsicologia che lo portava a interpretazioni extrasensoriali dei sogni e a lasciarsi influenzare dai morti che elevava a simboli di ricchezza sensitiva e cognitiva. Nei suoi momenti migliori non solo rifiutava tutto questo, ma lo disprezzava anche profondamente.

Nient'altro che il tormento del desiderio irrealizzabile conferiva incisività alle sue azioni, così come il sogno giovanile di fare il medico in campagna traeva il suo vero significato solo dal fatto che guarire e «salvare» gli altri avrebbe evidenziato la propria guarigione e salvezza. È terrificante invece rilevare che l'ineluttabilità del destino di Rilke gli rendeva inaccessibile qualsiasi possibilità di pentimento e quindi di liberazione. Ciò che creativamente lo innalzava o lo accoglieva in silenziosissime profondità non era più ineluttabile di quelle forze che lo spingevano a disperdersi in attività fasulle o nel nulla dell'inerzia passiva. Per questo cercava un'inutile salvezza, presumendo di essere ciò che era diventato in base a una predestinazione «prenatale», che per sempre aveva determinato tutti i suoi difetti, trasmutandolo in qualcosa di diverso da ciò che avrebbe voluto essere.

Tale trasmutazione era rappresentata per antonomasia da sua madre. Il tormento che tutta la vita lo perseguitò trovò l'espressione più cruda in una lettera del 15 aprile 1904, dopo uno dei sempre più rari incontri con lei. Scrive in una lettera, indirizzata a me:

> Mia madre è venuta a Roma ed è tuttora qui. La vedo raramente, ma ogni incontro è una specie di ricaduta, come sai. Quando sono costretto a vedere questa donna sperduta, irreale che, priva di qualsiasi ragione d'essere, non sa invecchiare, sento come già fin da bambino mi sia voluto staccare da lei, ma continuo ad avere paura che non me ne sia allontanato abbastanza, che da qualche parte conservi dei movimenti che sono il riflesso dei suoi gesti rattrappiti, pezzi di ricordi frantumati che lei continua a portare con sé. La sua distratta religiosità, la sua fede cocciuta mi fanno inorridire. Si aggrappa a queste deformazioni perché lei stessa, vuota come un vestito senza corpo, è spettrale e terrificante. È terribile dover dire dopotutto di essere suo figlio, che in questa parete sbiadita, costruita sul vuoto, una porta nascosta, appena percepibile è stata il mio accesso al mondo (ammesso che un tale accesso conduca al mondo...)!

Anche se potrebbe sembrare uno sfogo strettamente privato, la forzatura del tono trasferisce la pura soggettività su di un piano sovrapersonale, quasi mitico, per potersene liberare. L'odio di Rilke per sua madre nasceva dalla costrizione di vedervisi riflesso in una deformazione oltraggiosa: la sua devozione si tramutava in superstizione e in pietismo edulcorato, la sua spiritualità creativa in vane effusioni sentimentali. Ma tutta questa avversione non spiega che in maniera insufficiente ciò che Rilke combatteva in se stesso, quando cioè la sua essenza più vera, più genuina fingeva di essere come lei: grembo primordiale del Nulla.

Pensando alle persone che, leggendo le poesie di Rilke, si sono esposte interamente al loro effetto, lasciandosi coinvolgere, rabbrividisco di fronte alla trascendente carica creativa che sprigionano. È certo infatti che Rilke, proprio nella solennità delle *Elegie*, compì la solenne affermazione della sua disperazione. L'arcana concezione non nega la relazione del terrore con la bellezza. Questo imperscrutabile avvenimento si avvera sotto il grido d'assenso, già percepibile nel *Libro d'ore*: «Lascia che tutto accada: bellezza e terrore».

Chi ha assistito a questo non riuscirà a dimenticare l'ineluttabilità dell'ultima solitudine di Rilke che, perfino in cima alla montagna, riuscì a distogliere gli occhi dall'abisso in cui si sarebbe gettato soltanto per la frazione di un secondo. Chi era presente non poteva che assistervi impotente e con profondo rispetto.

VIII. Aggiunta 1934

Aprile, il *nostro* mese, Rainer, il mese prima di quello in cui ci incontrammo. Non è affatto casuale se ti devo pensare tanto. Aprile infatti contiene tutte e quattro le stagioni, alternando un'aria invernale e da neve a un sole luminoso, e accanto a tempeste autunnali, che coprono il suolo umido anziché di foglie sbiadite di un'infinità di boccioli, in aprile è sempre latente la primavera. Da qui quella quiete e naturalezza che ci ha legati come qualcosa che è sempre stato unito.

Se per anni sono stata la tua donna è perché con te mi si è aperta, per la prima volta, la dimensione del reale quale inscindibile unità psico-fisica e inconfutabile prova della vita stessa. Avrei potuto confermarti con le stesse parole la tua dichiarazione d'amore quando mi dicevi: «Tu sola sei reale». Per questo l'unione erotica dovette precedere l'amicizia, e anche la nostra amicizia si compì non per libera scelta, ma attraverso uno «sposalizio» arcano. Non cercammo l'altra metà, bensì con infinito stupore scoprimmo un'entità inscindibile nell'incomprensibile tutto. Così eravamo fratelli nel mito, prima che l'incesto fosse sacrilego.

Nel succedersi di tutte le stagioni, la nostra monade – per usare una tua espressione – doveva consolidarsi di fronte alle eterne vicissitudini della vita a tal punto da eliminare anche quasi del tutto l'espressione poetica. C'è da chiedersi ora se avevamo il diritto di distruggere le poesie di allora, nelle quali era impressa, in modo inconfutabile, la tua pura umanità, che non aveva ancora raggiunto la perfezione artistica. Ma in quel breve periodo di ebrezza creativa durante il quale, mesi dopo, stendevi *L'alfiere*, rilevai la somiglianza con i tuoi primi versi.

È strano: nonostante la loro musicalità non riuscivo a comprendere le tue prime poesie. Anche tra quelle che avevi dedicato a me, ce n'era soltanto una a cui avevo un accesso immediato. Quando la lessi la prima volta, avvertii subito che, sebbene con minore perfezione tecnica, avrei saputo dirti le stesse cose. Non avevamo forse in comune, noi due, quel sussurro di un mondo invisibile che «portavamo nel sangue» fin nei più profondi trasalimenti del corpo, fin nei più brevi, più sacri istanti della nostra esistenza? Più tardi questa poesia è stata raccolta, dietro mia richiesta, nel *Libro d'ore.*

Spengimi gli occhi, ed io ti vedo ancora;
rendimi sordo, e sento la tua voce;
mozzami i piedi, e corro la tua strada;
senza bocca, io ancora ti imploro.
Dirompimi le braccia, ed io ti stringo
col cuore mio, fatto, repente, mano.
Se fermi il cuore, batte il mio cervello;
ardi anche questo: ed il mio sangue allora
ti accoglierà.

Mi rattristava l'idea della mia incapacità di vivere l'esaltazione delle tue poesie nella loro pienezza espressiva. Quando, per poco tempo, dovetti andare da Wolfratshausen a Hallein per far fronte a impegni precedenti, mi dispiaceva il tono esaltato delle tue lettere che mi arrivavano quasi quotidianamente, finché un caso divertente me lo fece accettare nella serenità del ricordo. Volevi ricordarmi la nostra stanzetta al pianterreno dove, per impedire gli sguardi indiscreti dei passanti in strada, eri solito sbarrare le finestre con degli scuri di legno. Solo attraverso la stella intagliata nel mezzo entrava la luce del giorno. Quando mi fu portata la tua cartolina – senza parole, tutta intrisa d'inchiostro nero, una bianca macchia stellare in mezzo – mi precipitai fuori per scrutare quel che presupponevo fosse Venere sul firmamento pieno di stelle, commossa e attratta insieme dall'espressione così inconfondibilmente rilkiana.

Ma anche astraendo dal lato comico, l'intesa non sarebbe stata meno perfetta. A questo ci veniva di pensare quando, tornata a casa, ne parlammo insieme. Pensavamo alle *nostre* stelle che non ci guardavano né sorgevano in maniera lirica o prosaica, ma la cui realtà – inebriante, divertente, seria – trascendeva qualunque possibilità espressiva.

Eppure, in quei giorni, eravamo impegnati a intingere le nostre penne nel calamaio; soltanto durante l'estate la nostra frenesia cominciò a quietarsi. Di ciò che è andato in parte o totalmente distrutto è sopravvissuto un solo frammento, rimasto per decenni in una busta ingiallita di Wolfratshausen:

> Poi la tua lettera mi portò la dolce benedizione,
> e seppi che la lontananza non esiste:
> incontro a me tu vieni da ogni bellezza,
> tu, mio vento di primavera, tu, mia pioggia d'estate
> tu, mia notte di giugno dai mille sentieri
> che nessuno prima di me percorse:
> io sono in te!

Gli anni seguenti furono giustamente soprannominati da te «il nostro soggiorno in Russia», anche prima che ci fossimo stati. Proprio questo ne costituiva l'effetto magico. Solo così potevamo approfondire quello che la Russia significava per noi, attraverso studi e preparativi pazienti, affrontati nell'ancora interminabile attesa di poterli calare nell'esperienza vissuta. Ma già allora era come se toccassimo con mano quella realtà; già essa aveva invaso con veemenza la tua poesia, ma come presenza ancora inconsapevole, affinché tu potessi coglierne le evocazioni simboliche, come un dono, sotto il cielo russo. Questa terra era destinata infatti a diventare il simbolo tangibile del tuo bisogno di sfogare l'esaltazione interiore: l'invocazione di Dio, intesa come luogo in cui l'incommensurabile esala perfino dalle cose più insignificanti esprimendo nell'inno, nella preghiera l'angoscia del poeta.

Le prime esperienze in Russia non avevano bisogno di essere esternate. Avvenimenti di per sé nient'affatto straordinari ci calavano nel mito che, vissuto insieme, ci accomunava, inaccessibile alla comprensione altrui: quel prato al tramonto ai margini del villaggio di Krestá-Bogoródskoje, oppure quel cavallo sciolto che raggiungeva la mandria di notte, lo zoccolo appesantito da un ceppo di legno messogli per punizione, o ancora la stanza sul retro del Cremlino, dove fummo sommersi dal suono delle potenti campane.

Questi momenti, vissuti in due, accrescono la ricettività, come se dall'esterno un avvenimento stesse per entrare nell'animo, oggettivando così la carica soggettiva di cui individualmente lo si investe. Tali impressioni divenivano perciò fiduciosa conferma di noi stessi, non sminuita dalla diversa prospettiva che avevano per me che, per la prima volta, dopo il trasferimento all'estero, rivedevo la mia patria. Anche in te la svolta poetica, l'irruzione della tua capacità creativa liberava una forza mitica, attingendo ai tuoi fantasmi originari la cui esteriorizzazione era stata profondamente attesa da tutto il tuo essere.

Molti anni più tardi, assalito dai dubbi e dall'angoscia che la tua vena poetica si fosse esaurita, dicevi a volte di voler immergere le cose e le impressioni nel mito, deformandolo in un tentativo di stordimento atto a sfuggire la sofferenza e l'angoscia. Fu in quei momenti che le cose viste insieme assumevano per te il significato di miracoli mancati, la cui irripetibilità conferiva la prova inconfutabile della loro esistenza. Infatti per noi la loro esistenza era salda, più reale della realtà stessa, al punto da dovervi necessariamente far ritorno come alla nostra essenza originaria. Quando, durante il nostro peregrinare per settimane sul Volga, per poco non andammo a finire su due battelli diversi, tu manifestasti questa stessa certezza dicendo: «Anche su due navi diverse la stessa strada ci conduce a monte perché la stessa fonte ci aspetta».

Ripensandoci, potrei continuare a parlarne per la durata di una vita come se, per la prima volta, avessi compreso tutto il significato della poesia intesa come il miracolo dell'esistenza stessa. Quello che, quasi tuo malgrado, si è fatto strada in te come preghiera, doveva rimanere una rivelazione indimenticabile per la persona che ti stava accanto. E la tua religiosità infantile conferiva ad ogni giorno, ad ogni ora il suo più intimo completamento. Vivevamo ogni attimo con indivisibile intensità, assorti nello sforzo di cogliere interamente ogni impressione di questo viaggio solenne e indimenticabile.

Quanto era ancora lontano da noi, allora, il timore che lo slancio verso la creazione potesse entrare in conflitto con il desiderio di accogliere in sé, umilmente, ciò che deve essere creato! Cosa può mai temere il fedele, se le sue mani si vogliono congiungere nella preghiera con ancor più sentita devozione? Queste sue mani, quand'anche fossero le più maldestre, non trattengono forse, nella loro stretta, tanto Dio quanto lui stesso? La prima volta che lasciasti fuggire «fuori» una piccola parte della tua preghiera a Dio – a cui avevi voluto consacrarti completamente, per poterla vivere *nella sua pienezza*, poiché «dentro» uno splendido tesoro di esperienze passate premeva affinché tu gli dessi forma definitiva – le tue inquietudini tacquero all'istante e tu ritrovasti la serenità della fiducia. Quando ciò si ripeté di nuovo, esordisti con quel commento bizzarro di cui spesso avremmo riso di cuore. Mi dicesti che se il buon Dio avesse osservato il tuo lavoro, non si sarebbe certo indispettito come quella certa signora B. della quale avevamo appena sentito raccontare che, durante la luna di miele, era rimasta delusa dalle scarse attenzioni del marito, finché questi non ebbe tranquillizzato la consorte stizzita confessandole che di quando in quando si appartava per dedicarle i suoi ardenti versi d'amore.

Lentamente però qualcosa stava facendoci passare la nostra innocente spensieratezza. Quello che inizialmente ci sembrava un disturbo di natura fisica, si rivelava invece legato alla contraddizione fra l'esperienza personale e la sua espressione poetica. Stati depressivi di natura ansiogena si susseguivano, manifestando chiaramente l'insolubile intreccio di due bisogni contrastanti. Come mi spaventai quella volta che, mentre stavamo passeggiando insieme, come ogni mattino, in un meraviglioso bosco di acacie, tu non riuscisti a passare davanti a una in particolare. Allora evitammo quel sentiero finché, un giorno, dopo che ormai avevamo tranquillamente ripreso a seguirlo, menzionasti quell'incidente, accennando alle acacie: «Ti ricordi...?». Annuendo col capo, guardai l'albero al mio fianco, che, in apparenza, non si distingueva in nulla da quelli vicini. Allora i tuoi occhi si fecero ancora più grandi, in uno sguardo sconvolto, pieno d'incredulità: «Quella? No, no, *quella*!», ed era evidente che adesso, dinanzi a te, l'albero stava assumendo sembianze spettrali. Quando non riuscivi a portare un'impressione alla perfezione espressiva, la tua reazione era ogni volta sproporzionata.

Non sfiducia, rimproveri, delusioni, ma un'esplosione di sentimenti deformati fino all'inverosimile. Tu chiamavi questi stati la tua produttività fuorviata dall'angoscia, disperato meccanismo di compensazione per la volontà espressiva che si era sottratta al tuo comando.

Ce ne dimenticavamo talvolta, in momenti di intesa indisturbata, in cui vivevamo una gioia intensa e indicibile. Ma poi seguivano nuovi stati d'angoscia e crisi fisiche, sfogo del tuo dissidio psichico che, incapace di risolversi in se stesso, si trasmetteva al tuo corpo predisposto a priori ad accoglierlo.

In quel periodo escludevamo ancora l'idea di raccogliere le «preghiere» in un'opera organica, come avvenne più tardi nel *Libro d'ore*. La loro pubblicazione ci sembrava impensabile. Piuttosto ci chiedevamo che cosa dovesse essere fatto per sanare il tuo dissidio interiore fra il raccoglimento in Dio e la sua espressione poetica. La difficoltà maggiore era costituita dal fatto che l'apertura poetica, troppo immediata nei confronti di un oggetto infinito, richiedeva nello stesso tempo di essere dominata tecnicamente perché eri incapace di verificarla in modo paziente, magari per anni, nella totalità del reale.

Parlavamo spesso della necessità di vivere in mezzo alla realtà anziché in un tuo mondo di cifre e di simboli in cui credevi di *cogliere* l'inesprimibile sogno nella sua immediatezza. Ma solo alla fine del nostro secondo soggiorno in Russia presi piena coscienza dell'urgenza di questa necessità. Ero andata a fare una breve visita alla mia famiglia, che si trovava nella sua residenza estiva in Finlandia, quando ricevetti una tua lettera; ti consideravi un abbietto per l'arroganza sacrilega delle tue preghiere. La seconda lettera, poco tempo dopo, sebbene fosse di un tenore diverso costituiva nella sua esaltazione, da te stesso da tempo superata, un incomprensibile regresso.

Fu allora che presi coscienza che la tua maturazione si sarebbe potuta realizzare soltanto toccando il fondo della nostra origine primitiva. Mai più compresi, come allora, la tua grandezza; ma era urgente che tu riuscissi a realizzare, nella libertà e nella lontananza, lo sviluppo che ti attendeva.

Eppure, nello stesso tempo, non cercai forse anch'io di allontanarmi da te, dalla realtà in cui eravamo stati come un'unica persona? Chi riesce a scrutare l'enigma di fondo della vicinanza e lontananza reciproca? Pur essendoti profondamente vicina e preoccupandomi della tua sorte, mi trovavo ormai al di là di quello che lega un uomo a una donna, senza essere capace di tornare indietro. Non cerco attenuanti. La testa racchiusa nelle mani, cercavo spesso di far luce dentro di me e sfogliando una volta le pagine ingiallite di un mio vecchio diario, rimasi colpita dalla nuda verità di una frase, non ancora frutto dell'esperienza: «Sono per sempre fedele ai ricordi; ma incapace di esserlo agli uomini».

Quando le nostre strade si separarono, ci promettemmo di non comunicare più per lettera, *tranne che nei momenti di assoluto bisogno*. Anche perché la mia vita non mi permetteva più quella comunione *così* totale che era stata possibile negli anni precedenti.

Le ore di estrema necessità sopraggiunsero, per te, a Parigi, dove, in un primo momento, la costrizione eroica del *toujours travailler* si vendicò della mano salvifica di Rodin trasformando le cose in spettri giganteschi e minacciosi – come già si erano annunciati in Russia, quando cercasti di rinunciare alla poesia. Ma, in mezzo all'angoscia, tu *creavi* gli oggetti della tua angoscia. Fra le carte che mi furono consegnate dopo la tua morte trovai una mia lettera in cui ti esprimevo quanto ciò mi rallegrasse. Ma, anche allora, poco mi interessavano le *opere* che ne avresti saputo trarre e mi preoccupava invece soltanto l'incognita di come si sarebbero risolti i conflitti che laceravano la tua anima. E anche a te costò una dura lotta decidere se acconsentire alla richiesta del tuo editore e pubblicare il *Libro d'ore*.

Il manoscritto, che custodivo io, divenne l'occasione del nostro primo incontro dopo il distacco. Ci ritrovammo a Gottinga e ancora vedo la tua immagine, distesa sulla grande pelle d'orso davanti all'altana aperta, mentre il fogliame mosso dal vento creava zone di luce e d'ombra sul tuo volto.

Rainer, questa è stata la nostra Pentecoste del 1905. Lo divenne in senso ancor più profondo di quello che tu supponessi nella tua commossa irruenza. Poiché, nello stesso tempo, per me significò la resurrezione dell'opera rispetto all'uomo che l'aveva creata. Per la prima volta il *Libro d'ore* mi si manifestava come il tuo legittimo padrone. *Quali sacrifici ti avrebbe ancora imposto*? Con una stretta al cuore, un presagio in me diede il suo benvenuto alle elegie che ancora per molti anni non sarebbero nate.

A partire da questo momento, ho letto quello che scrivevi concependolo come conferma positiva del tuo inarrestabile futuro. In questo concepimento divenni tua una seconda volta, in una seconda verginità.

Ovunque tu sia stato nei decenni che seguirono, anelando la sicurezza di una casa tua o preso dal desiderio di un'illimitata libertà di movimento, quasi coatto, la tua sradicatezza interiore era irreversibile. Ora che noi tedeschi abbiamo di fronte il problema politico della nostra terra natia, mi domando spesso quanto sia stata dannosa, per il tuo destino, l'avversione contro le tue origini austriache. L'amore infantile per il luogo di nascita ti avrebbe più facilmente protetto contro la disperazione dei tempi infecondi. Dei luoghi d'origine si conserva infatti un'immagine sacrosanta che coinvolge la propria umanità. E quando, lasciata la Svizzera scegliesti la Francia, che già durante il tuo soggiorno parigino ti era venuta a noia, come seconda patria, per la lingua e i rapporti umani, dalla tua lettera trapelava il dolore di ritornare nonostante tutto, frastornato e confuso, nella torre del castello di Muzot. Per un giudizio obiettivo del contenuto poetico della tua produzione francese mi manca la competenza. Ma, riconoscendo la mia cautela, non riesco a leggere molte di quelle poesie senza insospettirmi. Quando della rosa dici «*fête d'un fruit perdu*» è solo l'espressione della malinconia o non piuttosto il piacere di un masochismo blasfemo? E poi c'è una tua foto di quel periodo che tengo nascosta perché mi addolora, mi ferisce. Quando la ricevetti, tutto si ribellò in me perché, scrivendo in francese, ti sei servito della terra straniera per scordarti le forze silenziose che, di nascosto, ti stavano trascinando verso l'abisso.

Ma come faccio a valutare queste cose obiettivamente se, in fondo, non ho mai cessato di ribellarmi al tuo destino senza riuscire a sottomettermi? Non potevo fare a meno di continuare a vedere dietro al poeta, famoso e inneggiato, e all'uomo, distrutto dal suo compito poetico, un'altra persona che, al di sopra dei propri limiti, aveva fiducia in ciò da cui si sentiva sorretta, tanto da fare della sua testimonianza poetica una missione.

Ogni volta che ci rivedevamo, parlavamo e vivevamo in questa continua presenza; e una fiducia infantile, come di uno che non può sbagliare perché resta radicato alla sua origine primitiva, emanava da noi. Allora ti riconoscevo e ci tenevamo per mano in un'indicibile intimità. Ciò che di questi momenti confluì nella tua poesia non faceva che ricostruire quest'intimità intorno a te come un bagliore imperituro. E non posso pensarci senza che riecheggi in me il più breve verso del *Libro d'ore*. Nel momento in cui lo creasti (Rainer, questo momento significa per me l'eterno presente) mi sembrò come dettato da un bambino felice e fiducioso:

Vado incontro a te
con tutto il mio andare
poiché chi sono io e chi sei tu
se non ci comprendiamo.

IX. L'esperienza con Freud

Due contrastanti esperienze di vita mi hanno particolarmente predisposto per l'incontro con la psicoanalisi di Freud: in primo luogo, l'aver assistito all'eccezionale e raro destino di un individuo e poi l'essere cresciuta in mezzo a un popolo, quello russo, caratterizzato da una connaturale tendenza all'interiorità.

Dei Russi si è spesso detto – e Freud stesso lo fece quando, prima della guerra, approfondì la conoscenza del popolo russo – che rivelavano la presenza di due fattori raramente riscontrabili insieme: la semplicità della struttura e nello stesso tempo la capacità di compenetrare, in un processo di esteriorizzazione verbale, anche le relazioni più complicate, di saper esprimere con facilità processi psichici estremamente complessi. Ripensando infatti agli uomini che ho incontrato in Russia, riesco a comprendere perché siano oggi per noi più facilmente analizzabili e perché, al contempo, riescano a conservare una sincerità di fondo: i singoli strati della rimozione restano più sottili, meno fissati, mentre nei popoli di più antica civiltà si frappongono come ostacoli fra l'esperienza di fondo e il loro riflesso nella cosciente esperienza posteriore. Da qui possiamo facilmente spiegare il problema basilare dell'analisi pratica, e cioè in che misura il sostrato infantile dell'individuo ne condizioni durevolmente lo sviluppo naturale, e in che misura esso invece serva, nei soggetti malati, alla regressione temporale che, distaccandosi dal livello di coscienza già raggiunto, indica il ritorno a fasi psichiche più remote, non superate.

Se noi guardiamo al suo sviluppo storico, la psicoanalisi è un *metodo terapeutico* e quando io cominciai a occuparmene si era appena chiarita la possibilità di poter dedurre dai vari stadi del malato la struttura psichica del sano, poiché nel paziente nevrotico si potevano decifrare, come ingranditi da una lente, tutti quei fattori che nell'ambito della normalità sono quasi preclusi al nostro sguardo.

Con infinita accortezza e prudenza nell'uso della metodologia, la psicoanalisi aveva portato alla luce via via gli strati più originari. Quanto più profondamente scavava nella psiche, tanto più manifesto diveniva il fatto che, non solo nei soggetti patologici, ma anche e soprattutto in quelli sani, il sostrato psichico mostrava significativamente quello che noi chiamiamo «avidità», «brutalità», «bassezza» ecc., in altre parole, tutti quegli istinti per cui si prova la maggiore vergogna. Perché anche se l'umanità, attraverso un lento processo di civilizzazione, supera la fase iniziale, questo avviene solo a costo di un indebolimento delle manifestazioni pulsionali. Questo processo porta quindi alla perdita dell'energia potenziale, e la prospettiva sconfortante di questo stato di cose, che non si presenta certo più piacevole nel soggetto sano rispetto a quello malato, ha causato in molti il rifiuto della psicoanalisi. Infatti essa dà luogo a una tendenza pessimistica, paragonabile a quella del nevrotico privo di speranze che si vuole correggere.

Da un punto di vista strettamente personale devo costatare in primo luogo quale importanza ebbe per me proprio quest'aspetto della psicoanalisi: il non lasciarsi fuorviare cioè dalle considerazioni generali, anche quando queste potevano portare a risultati spiacevoli, e il riferimento preciso all'analisi esatta del caso individuale e particolare, qualunque fosse stato il risultato. Avevo proprio bisogno di un metodo simile. Tutta presa ancora dalle esperienze precedenti, in cui credevo di scorgere nelle civiltà primitive le tracce residue dell'incancellabile infantilità umana quale fonte segreta di tutte le sue ricchezze, fui costretta a prescinderne per occuparmi invece del concreto oggetto umano in un lavoro razionale, minuzioso.

Questo cambiamento di prospettiva era necessario per non farmi risucchiare nella cieca e accecante scia di una psicologia meramente comportamentistica, attraverso la quale non esiste nessun accesso alla realtà, e in cui ci si trastulla come nel giardino dell'Eden, fatto a nostra misura. Non dubito che un simile atteggiamento creava nemici e faceva perdere futuri seguaci alla psicoanalisi; si doveva uscire dal bisogno di per sé naturale di non lasciare in sospeso quello a cui si vorrebbe dare una risposta, o meglio la cui risposta non sia aprioristicamente data come espressione del proprio tornaconto. L'atteggiamento di sostanziale rifiuto non cambierà probabilmente nemmeno quando l'abitudine abbia oramai tolto l'incentivo alle più «scottanti» scoperte della psicoanalisi. Sembra infatti più che giustificato che, nelle scienze esatte, si cerchi di pensare rigorosamente al di fuori degli schemi pulsionali, mentre invece nelle scienze spirituali – inesorabilmente scisse in un osservatore e un oggetto osservato – ci si senta indotti a mescolare qualche ingrediente personale al risultato finale per renderlo più appetitoso.

Per la stessa ragione la psicoanalisi ha dovuto aspettare per tanto tempo il suo fondatore, colui che sarebbe stato capace di voler vedere ciò che altri prima di lui avevano sempre evitato con molta cautela. Freud possedeva il rigore necessario (che non era né frutto di un superamento di se stesso né tantomeno il piacere delle cose ripugnanti) per non preoccuparsi di fronte a cose scabrose o repellenti, che gli si rivelavano nella loro mera esistenza. Lui conferiva alla gioia di pensare, alla sua curiosità scientifica una tale carica affettiva, una tale spinta di possesso, qualità a lui connaturali, che il problema di quale posto dovessero occupare nella costituita scala dei valori o giudizi umani non gli si poneva nemmeno.

La coerenza e l'obiettività della sua ricerca generavano il rigore del suo metodo scientifico, che non si fermava neppure di fronte alle cose più accuratamente nascoste. In questa dialettica degli opposti proprio un uomo totalmente dedito alla razionalità scientifica poteva scoprire le forze dell'irrazionale. Per questo, con ostentazione, Freud definì negativamente l'elemento scoperto chiamandolo «inconscio». Personalmente ho sempre ritenuto le tre lettere della sua sigla «Inc.» come immensamente *positive*, quasi una difesa personale contro ogni mistificazione, contro tutto ciò che fa degli scopritori di un fenomeno degli inventori.

Niente palesa meglio la posizione di Freud quanto il suo sforzo di rifarsi alle premesse della ricerca psicologica fino al punto in cui l'inconscio, inaccessibile alla coscienza come tale, viene percepito da questa *fisicamente*, dimostrando con ciò il suo rifiuto di seguire la consueta censura del nostro processo intellettivo. Probabilmente anche il diniego e la diffamazione della «sessualità», conseguentemente accentuata, vanno ricondotti alla distruzione del mito della nostra singolarità umana, in quei momenti in cui ci uniamo a tutto quello che, essendo altro da noi, si contrappone alla nostra cosciente interiorità, poiché proprio il corpo rappresenta la nostra inconfutabile alterità. Mi è sempre parso che, alla radice di questo diniego, ci fosse il dissidio per cui l'uomo si vede rivolto verso la sfera sessuale e ne riconosce l'importanza vitale (da cui deriva la sua esistenza) senza peraltro accettarne l'identificazione nelle sue manifestazioni intellettive e psichiche. Quanto più la nostra coscienza si è acuita, tanto più inconfutabilmente tutto è diventato altro da noi, e possiamo accedervi solo dall'esterno. Questo vale anche per la nostra sessualità, percepita come un elemento estraneo. In questo concetto è già insito il suo deprezzamento. Freud si rese comunque definitivamente impopolare nel momento in cui rilevò l'importanza della matrice infantile in tutta la nostra vita psichica; non solo quindi per l'ampiamente discussa scoperta della sessualità infantile, quanto piuttosto per averla determinata come l'ultima fonte alla quale si nutre tutta la nostra evoluzione complessiva. Perciò dobbiamo tornare a questi inizi a scopo terapeutico, all'elemento primordiale della vita psichica del singolo, laddove si manifesta nella cronologia storica, al positivo a cui perfino le nostre capacità sane non si sottraggono, anche se tendiamo a raffigurarcele come attività sublimate.

Ora, la parola *sublimazione* è stata introdotta fin dall'inizio nella terminologia freudiana e usata nell'accezione di «deviazione dalla primaria meta sessuale». Già si è pronti a un sorriso di sostanziale accordo, ma intanto Freud aveva pronunciato una delle sue affermazioni più incisive, e cioè che perfino le più degradanti perversioni sessuali erano da considerarsi sublimazioni, in quanto lo sviluppo psichico si era arrestato in una delle fasi della sessualità infantile, rifiutandosi alla maturità.

Anche ciò che chiamiamo «obiettività» scientifica, invece di rapporto d'amore, non è altro che la disponibilità della coscienza ad aprirsi all'inconscio, nel quale non abbiamo mai cessato di negare il nostro isolamento e di toccare le radici della comune origine di tutto. Questo fenomeno si impone con insistenza se consideriamo il carattere sovrapersonale dei nostri interessi che, per così dire, uniscono le nostre qualità individuali con ciò che sempre oltrepassa la nostra individualità. Perciò tendiamo a «sublimarli», deviando la nostra pulsione dalla cruda meta sessuale. Si potrebbe sostenere che anche la meta sessuale non è in fondo che una specie di palliativo dell'uomo sessualmente isolato che, ricorrendo a un altro individuo ugualmente isolato, tenta di convincersi di essere ricondotto alla sua interezza. In realtà ci si identifica soltanto nell'ambito della propria sessualità, perché solo qui l'unione può essere concepita come generatrice del reale.

È naturale quindi che noi, a ciò che è più sublime, conferiamo l'attributo «divino» perché in un certo senso vi condensiamo quello che abbiamo di più intimo e, nello stesso tempo, di più esterno. Va sottolineato una volta per tutte che l'energia sublimatrice è direttamente proporzionale alla forza che le deriva dal sostrato originario del nostro meccanismo pulsionale. La maggiore disposizione erotica determina maggiori potenzialità sublimatorie. Il soggetto, dotato di una forte carica erotica, ne trae una maggior forza di resistenza, che impedisce la formazione di una situazione di conflittualità antagonistica tra i moti pulsionali e il principio dell'adeguamento alla realtà. Non è né un asceta, nel senso del soggetto pulsionalmente debole che si sforza di fare della necessità intrinseca virtù, né un soggetto malato, che di conseguenza ricava dalla riduzione pulsionale una certa consolazione compensativa alla sublimazione. Non l'ascetico superamento delle richieste pulsionali è dunque atto a creare le sublimazioni. Al contrario, ci vogliono soggetti che, anche nelle situazioni più sfavorevoli, non perdano il legame che li unisce al sostrato più remoto. Dalla carica erotica e non dall'astinenza traggono la capacità di astenersi per lunghi periodi poiché, ciononostante, si sanno sempre vicini alle proprie origini e al proprio appagamento. L'essenziale è che nell'uomo non si arrivi alla scissione concettuale fra la sfera sessuale e quella intellettiva, ma, con un moto circolare, le due istanze si completino nell'energia attiva, come il getto d'acqua di una fontana ricade nello stesso bacino dal quale si è elevato.

Non a caso, d'altronde, la psicoanalisi impone innanzitutto a chiunque voglia praticare l'analisi di confrontarsi personalmente con i presupposti della propria metodologia, di sperimentare le sue reazioni nel confronto con la brutale onestà dell'indagine. Il lavoro di scavo condotto dall'intelletto sul materiale umano raggiunge il proprio scopo – sia nella ricerca che nella terapia – soltanto mediante questo attivo coinvolgimento personale.

L'accusa di puro settarismo, camuffato dalla mera parvenza di scientificità, che è stata spesso rivolta ai freudiani, contiene un granello di verità nel senso che la psicoanalisi non può essere completamente esente da una presa di posizione ideologica, perché il suo materiale stesso tocca il punto dell'interazione fra l'inconscio e la coscienza. La conoscenza che non è fine a se stessa, e cioè mera scientificità, unisce gli psicoanalisti e fa sì che la scelta di un determinato analista da parte dell'analizzando sia poco importante. Nell'autoanalisi, che ogni analista deve compiere, prima di poter analizzare gli altri, ognuno viene responsabilizzato a esporre i contenuti del proprio inconscio con la stessa sincerità richiesta all'analizzando. E non si creda che lo sforzo nel compiere il superamento di sé sia meno serio nell'analista. Alla base vi è la stessa lotta nella «cura» del soggetto sano che in quella del soggetto malato. Solo per questo motivo la cosiddetta «analisi didattica» possiede in molti casi lo stesso effetto, di innovazione individuale, di quella condotta per scopi terapeutici.

Infatti nella peculiare situazione della psicoanalisi sussiste un fattore che in genere va escluso e comunque delimitato nell'indagine scientifica.

Mentre nelle scienze *strictu sensu*, qualora sia garantita la completa dedizione alla scientificità dell'indagine, l'aggiunta delle proprie convinzioni ideologiche può produrre un effetto secondario favorevole, la sua mancanza nella psicoanalisi sarebbe un errore che comporterebbe conseguenze fatali sia per l'indagine che per la terapia. La passività dell'indagine obiettiva dev'essere integrata da una partecipazione soggettiva attiva, per trovarvi il suo necessario completamento. Al rigore del pensiero si deve accompagnare la disponibilità umana, senza la quale verrebbe a mancare il materiale primario – insisto su questo punto, poiché mi sembra che talvolta venga fin troppo trascurato per non destare il sospetto di un approccio settario.

Ma vi è anche un'altra ragione che ci induce a ricordare questo atteggiamento fondamentale nella pratica psicoanalitica, una ragione che riguarda *il suo fondatore*. Il significato delle scoperte di Freud è dovuto infatti alla sua disponibilità umana nell'indagine. La sua attenzione *primaria* era rivolta al compito scientifico; con ferrea tenacia ne tenne ferma la direzione, ma *nello stesso tempo* si aprì senza titubanze a quello che alla fine si profilava come la sua ultima meta, sebbene in aperta contraddizione con i risultati aprioristicamente attesi. L'unione di premesse e risultati manifestava quella partecipazione interiore che sola supera la finalizzazione della conoscenza.

Per fondare la psicoanalisi, Freud doveva *unire* in sé questa duplice esperienza, non pervenendo a due tipi di analisi ma a una sintesi individuale. È arrivato il momento di gridare ciò ad alta voce, proprio perché questa capacità di *sintesi* coincide con le sue scoperte, con l'attrito interno che le ha partorite. Solo per questo è stato possibile superare la disposizione individuale, il desiderio o l'intenzione.

Oltre agli attacchi feroci dall'esterno, che resero l'opera di Freud così sofferta, oltre allo scherno e alla rabbia dei suoi contemporanei vi era la lotta *interiore* di Freud tesa a seguire, senza smarrimento e col massimo impegno di sé, solo ciò di cui si era convinto, se necessario anche contro la propria natura. Volendo confrontare questo tipo di sacrificio con quelli che di solito i ricercatori impongono alla loro vita e alla loro persona in nome della scienza, ci si accorge che qui esso si compie su un piano morale, nell'impegno e nella volontà di mettersi, per così dire, a nudo – senza darsi pena, senza curarsi di ciò che questa nudità scopre alla luce. Poiché Freud pensatore e Freud uomo sono effettivamente due entità, che solo il sacrificio ha potuto unire. Non credo che possa negare di aver sempre sperato che la biologia finirà per suffragare e sostenere il suo lavoro di ricerca, né di aver provato estrema soddisfazione piuttosto che scoramento allorché il suo «Inc.» si rivelò simile a una giovane bella e ritrosa che gli negava i suoi favori dopo che, per secoli, i metafisici si erano concessi con lei ogni abuso.

Tutti conoscono senza dubbio il Freud razionalista dalle sue opere, e non solo da quelle metapsicologiche o filosofiche in cui trae delle conclusioni teoriche che lui stesso vuol sapere nettamente distinte dalle opere trovate nell'indagine psicoanalitica pura. Gli sarebbe congeniale includere nella prospettiva razionale anche le valutazioni che esulano da una esatta definizione scientifica, oppure sarebbe capace di liquidarle scrollando le spalle come per dire: «Non le prendete troppo sul serio».

Lasciare in sospeso un problema, anziché sprecare il tempo con delle riflessioni sull'inaccessibile, non è solo un diritto, ma un dovere che ogni capacità intellettiva umana dovrebbe acquisire: quasi una vittoria sull'impertinente bisogno collaterale di ricondurre tutto a un denominatore comune secondo i propri desideri. Ci si domandare se, con la marcata accentuazione delle categorie logico-formali nel processo conoscitivo e con la conseguente tendenza a una sempre maggiore differenziazione, non aumenti quasi per istinto il bisogno opposto, quello cioè di rafforzare almeno questo denominatore comune, in quanto solo attraverso l'indiscusso dominio della frammentazione e dell'atomizzazione perveniamo all'ultima possibile sintesi. Non è forse una specie di rivincita del pensiero astratto su se stesso, proprio perché tenuto allo stato «puro», si vendica di questa astrazione «disumana»?

Arrivati a questo punto i più decidono – ivi compresa gran parte degli scienziati – di integrare la loro conoscenza dell'esattamente dimostrabile con ciò che, in un atto di generosità verso sé e gli altri o in un atto dogmatico, reputano vero. Come se senza un tale accesso all'ottimismo fideistico le nostre azioni fossero determinate da un troppo pericoloso pessimismo, quasi fossimo «morti» altrimenti, per sempre smembrati, smaterializzati e disanimati dal nostro modo di accedere alla conoscenza, esposti irrimediabilmente al Nulla. È naturale che Freud abbia assunto un atteggiamento non solo di contrarietà a questo riguardo, ma di aperta avversità. Gli si vorrebbe muovere un rimprovero, perché a determinare quest'atteggiamento metascientifico sono le sofferenze e i desideri, prodotti dalla forza umanamente più viva. La generale arrendevolezza di slittare – per dirla in maniera succinta – dalla fisica alla metafisica, abusa di quei mezzi di conoscenza, creati per essere adoperati nel mondo fisico. Di qui l'assoluta intransigenza di Freud. La stessa serietà, non disposta al compromesso o alle concessione di alcun genere, che aveva portato ineluttabilmente alle sue scoperte quasi suo malgrado, e doveva fare di Freud un avversario implacabile di tali tendenze. Non si confonda, però, quest'avversità con l'aggressività dell'apostolo, che corrisponde grossomodo alla pulsione di persuasione o convincimento coatto (palese in Nietzsche e nella sua tendenza a «profetiche» proclamazioni del tipo: «Restate fedeli alla terra»!).

Giunti a quel punto cruciale, la causa freudiana ci richiede una maggiore pazienza e disponibilità nei confronti della nostra volontà di conoscenza. Senza alcun riguardo per noi stessi, dobbiamo continuare a servirci dello stesso rigore intellettivo che abbiamo da sempre saputo assumere con molto successo nei confronti delle cose esterne. Lo si ammetta pure: Freud ci ha gettati in mezzo alle cose. E noi dobbiamo riconoscere preliminarmente che siamo inseriti nel tutto a condizione di assoluta parità, prima di interessarci del come e perché arriviamo a potercene nettamente distaccare. Poiché proprio il «più» rispetto al resto, del quale ci occupiamo, sta necessariamente nella presa di coscienza di ciò per mezzo del quale accediamo alla fratellanza con il Tutto. A frenare questo processo – e a frenarlo sempre di più, via via che la nostra civiltà acquisisce l'autocoscienza – è quel «pregiudizio di classe» massimamente assurdo che ci induce a preferire un sicuro rifugio in qualche fantasmatico castello in aria piuttosto che condividere il terreno originario comune a tutto l'Essere. Neppure la riflessione più ardita potrà mai cambiare qualcosa su questo punto dolente, diventato così delicato e irritabile per colpa della nostra presunzione. Occorre semmai rivoluzionare i modi del pensiero; soltanto allora conoscere significherà riconoscere.

Dopo aver caratterizzato in queste pagine Freud, come razionalista, anche per quanto riguarda le sue tendenze individuali, devo insistere ancora su ciò che, a partire dalla sua esperienza, mi ha tenuto occupati cervello e cuore: il fatto che, da un'indagine razionalmente impostata, risultasse alla fine la scoperta dell'irrazionale. Si sarebbe tentati di dire che una contraddizione così meravigliosa fa del vinto il vincitore, perché rimasto fedele a se stesso! Questa svolta costituisce un atto finale di compensazione in cui, involontariamente, anche l'esterno più meccanizzato rifluisce in un arcano interno, convalidando le parole di Eraclito sulla sconfinatezza dell'anima.

Anche la più frequente obiezione contro il razionalismo freudiano cade allora, razionalismo che si scelse come motto l'instancabile citazione goethiana che tutta la caducità non è che un simbolo, e non l'essenza. Solo così infatti il simbolo Freud poté completarsi.

X. Reminiscenze freudiane (1936)

Quando, al ritorno da un viaggio in Svezia, mi trovai al Congresso di psicoanalisi a Weimar nell'autunno del 1911 davanti a Freud, lui rise per l'estrema decisione con cui intendevo essere introdotta alla materia. Allora nessuno pensava di fondare istituti di psicoanalisi, come più tardi furono progettati a Berlino e a Vienna per le nuove leve di analisti. Quando poi, dopo uno studio preparatorio autodidatta di sei mesi, giunsi da Freud a Vienna, lui rise ancora di più poiché gli comunicai che oltre a collaborare con lui ero intenzionata a collaborare anche con Alfred Adler, che nel frattempo era diventato il suo acerrimo nemico. Acconsentì bonariamente, a patto che non avrei parlato di lui ad Adler né di Adler nella cerchia freudiana. Mi attenni scrupolosamente a questa condizione, tanto che Freud venne a sapere del mio distacco dalla cerchia adleriana solo mesi dopo. Ma l'argomento che mi sono proposta di trattare non è la formulazione delle varie teorie, perché anche la più affascinante non riuscirebbe a distogliermi dal contenuto delle scoperte freudiane. Né la teoria più brillante né quella più errata o lacunosa di Freud stesso mi avrebbero potuto distogliere da questo contenuto, tenendo sempre ben presente cosa significava «scoprire» per lui. Le teorie – la maggior parte di esse allora era *in nuce* – gli servivano come mezzi indispensabili di comunicazione fra i collaboratori e quando era giunto alla loro formulazione esse evidenziavano in maniera spiccata la natura del suo modo di pensare, informato scientificamente e personalmente alla più rigorosa obiettività. Se dovessi tentare di descrivere che cosa esattamente nel suo pensiero lo portò alle sue scoperte, è facilmente pensabile che mi deriderebbe per una terza volta, poiché sarebbe altrettanto difficile che voler fissare le specificità delle doti innate in una mano che dipinge o nelle dita dello scultore.

Infatti anche le sue scoperte agivano su qualcosa, e cioè su un'espressione istantanea di un soggetto vivo. Al posto di lunghe, ma spesso inutili riflessioni su un fenomeno, fossero anche le più acute e intelligenti, Freud decise di sottomettersi alla percezione esatta del minimo particolare su cui poggia ogni individuo, determinato dal suo essere finito. Solo ricorrendo a quest'aiuto si rende raffigurabile e manifesta la sua essenza.

In una delle prime riunioni serali (a cui solo nell'anno precedente era stata ammessa una donna) Freud disse nell'introduzione che bisognava dibattere gli argomenti all'ordine del giorno con assoluta franchezza e senza reticenze, anche se erano sgradevoli o scabrosi. Scherzando con quella delicatezza che gli era propria aggiunse: «Come sempre ci aspetterà una settimana dura di lavoro, con la differenza che c'è la festa di mezzo a interrompere». La parola «festa» mi dava spesso la misura di Freud e della sua «ottica» che mi accingo a descrivere riguardo alla sovrabbondanza degli argomenti da lui forniti. Anche se essi, presi singolarmente, potevano suscitare disgusto o ribrezzo, il lavoro di tutti i giorni per me consacrò sempre un'aria festiva. Nei momenti in cui anche Freud era preso da un certo disgusto, si soleva stupire del mio crescente interesse per la sua psicoanalisi poiché «dopotutto non insegnava altro che lavare la biancheria sporca degli altri».

Già prima di lui in effetti si sapeva riporre la biancheria pulita e stirata negli appositi cassetti. Ma ciò che si poteva apprendere dai singoli capi di biancheria, anche i più logori e sporchi, era la loro trasformazione mediante l'esperienza, che li sottraeva alla classificazione e alla valutazione di semplice «pezzo». Nella rivelazione dei fenomeni più sgradevoli e scottanti lo sguardo non vi si soffermava mai. Una volta, dibattendo questo problema, Freud non mi derise più, però constatò con incredibile stupore: «Perfino dopo aver parlato delle cose più orribili, i suoi occhi brillano come se fosse Natale». Del nostro ultimo incontro, nel 1928, il ricordo più forte che mi è rimasto impresso è quello delle aiuole piene di non-ti-scordar-di-me nel piccolo castello di Tegel, che trapiantate là nell'estate attendevano in piena fioritura la fine dell'anno. Continuavano a fiorire nell'autunno inoltrato in mezzo agli alberi spogli. Era estremamente rilassante vedere il loro splendore inatteso, in un'infinita gradazione di colori che andavano dal rosso scuro, all'azzurro e al giallo chiaro. Freud me ne colse un mazzo, prima di una delle nostre quotidiane puntate a Berlino che volevamo sfruttare questa volta per visitare Helene Klingenberg.

Allora vi era ancora la possibilità di indimenticabili conversazioni a due, nonostante il parlare e l'ascoltare gli fosse già estremamente faticoso.

In una di queste occasioni discutemmo del 1912, l'anno di inizio dei miei studi psicoanalitici quando, prima di uscire di casa, dovevo sempre lasciare il mio recapito nel caso che Freud avesse avuto la possibilità di raggiungermi. Poco prima di uno di questi incontri gli era capitato fra le mani *L'inno alla vita* di Nietzsche, che non era altro che la mia *Preghiera alla vita*, messa in musica, con qualche leggera modifica, proprio da Nietzsche. Le esaltazioni entusiastiche di una donna giovanissima e inesperta non corrispondevano certamente al gusto di Freud, al suo modo scarno e breve di esprimersi. Gioviale e di ottimo umore lesse ad alta voce l'ultima strofa:

> Viverli pensarli
> getta te stesso in millenni
> se più felicità non hai da darmi
> restano a te dolori perenni.

Chiuse il libro battendolo sullo schienale della poltrona: «No, no, non ci starei davvero! A me basta e avanza un normalissimo raffreddore da fieno per guarirmi da tali desideri!».

In quell'autunno a Tegel gli chiesi anche se si ricordava di un colloquio di molti anni fa. Freud annuì, lo aveva presente perfettamente e anche quello che avevamo detto dopo. Non ricordo perché fui spinta a rivolgergli questa domanda.

Ero del tutto sconvolta all'idea di questi terribili, dolorosissimi anni di sofferenze disumane che aveva passato, anni in cui tutti noi ci chiedevamo quale fosse il limite della sopportazione umana. All'improvviso, senza capire perché, mi lasciai andare a un'esclamazione che non riuscii a trattenere, per quanto mi sforzassi. Assalita da un irrefrenabile moto di ribellione contro il suo destino, dissi con labbra tremanti: «Quello di cui allora ho solo fantasticato, Lei lo ha fatto!», e spaventata per la brutale sincerità delle mie parole scoppiai a piangere.

Freud non mi rispose. Sentii solo il suo braccio intorno a me.

XI. Prima della guerra mondiale e dopo

Nel tardo autunno del 1903 ci eravamo trasferiti a Gottinga, dove mio marito aveva ottenuto la cattedra di Iranistica. Si realizzava così il nostro desiderio di abitare in piena campagna, e la nostra disperata ricerca di una casa fuori dalla città terminò quando, sulla collina Rohn, trovammo una piccola villa in mezzo a un vecchio frutteto. La solitudine era tale che a volte apparivano perfino delle giovani volpi all'estremità del grande giardino.

Ero completamente appagata vivendo in mezzo alla natura. Il fatto che vi facevo ritorno dopo trent'anni aveva poca importanza: ogni stagione sembrava dischiudersi in tutta la sua bellezza come se, su questo lembo di terra, vi avesse la sua origine. Presi un'abitudine strana: ogni volta che dovevo assentarmi per più tempo facevo, al ritorno, delle passeggiate di ricognizione la mattina presto per confrontare le esperienze fatte nel frattempo con il cambiamento della natura: eterno mutamento in eterna armonia. Solevo mettere così a confronto la complessità della situazione umana di fronte a ciò che si rivela nella spontaneità del suo essere.

Nella primavera dopo il nostro trasferimento, costretta da una salute cagionevole, intrapresi un viaggio di riposo insieme a un amico medico. Proprio allora gli alberi da frutto cominciavano a fiorire: un vecchio pero gigante (spaccato dalla tempesta l'anno precedente) spingeva i suoi rami, cosparsi di bianco, nel mio studio: sembrava quasi un peccato lasciarselo alle spalle. Mi consolai pensando che, l'anno dopo, sarebbe riapparso in tutta la sua bellezza primaverile; invece l'anno dopo l'albero non fiorì. Aveva esaurito le sue energie a tal punto da saltare una primavera: questa spiegazione mi lasciò molto pensosa.

Molte finestre si aprivano verso l'esterno facendo entrare il sole nella casa. Le mie due stanze al piano superiore sembravano un pergolato, formato da ampi tigli che costituivano una specie di tenda verde che mi proteggeva dall'abbagliante luminosità; in autunno avanzato invece, quando le prime raffiche del vento sfoltivano le foglie, una nuova luminosità si riversava su tutto. Le pareti, coperte da una stoffa azzurro-grigia, cominciavano a sbiadire; ma questo destino riuscì a togliere loro la tonalità di fondo; e la neutralità del colore si offriva disinteressata ai variopinti ricami russi e ad altri ricordi. Solo che non si doveva cambiar loro di posto, perché dietro a loro la stoffa si era mantenuta con tutta l'intensità dell'azzurro-grigio, rimanendo fedele al passato. Così il quadro d'amore di Heinrich Vogeler rimase dove era stato appeso da Rilke, a cui apparteneva. Tuttora sono contraria a cambiare spesso il posto all'arredamento, per seguire una disposizione d'animo particolare o per adattarsi al corso dei tempi. (Rilke esagerava spesso in questo, confondendo involontariamente l'adeguamento esteriore allo stato d'animo con il proposito interiore che in questa maniera si lasciava facilmente trarre in inganno). Rainer amava molto le mie stanze, soprattutto per le forti macchie di colore dietro ai mobili e ai quadri, che sembravano offrire segrete possibilità di ritorno al passato: piccole porte sull'eternità.

Le due grandi pelli d'orso, che Willy Brandt aveva riportato dalle sue cacce pericolose in Russia, dominavano lo studio, circondate da semplicissimi scaffali di abete per i libri. La mia biblioteca era in uno stato piuttosto pietoso; non avevo acquistato nuovi libri per permettere che mio marito potesse arricchire la sua, in quanto per lui non rappresentava solo una necessità, ma anche un'intensa fonte di felicità. Gran parte dei miei libri erano rimasti in Russia: mancavano sia i nostri grandi poeti, tedeschi e russi, sia quei testi di cui avevo bisogno per portare avanti i miei studi segreti (ad esempio Spinoza) e che avevo acquistato in parte di nascosto, vendendo i gioielli che mi erano stati regalati. Ma una delle ragioni principali del misero stato della mia biblioteca dipendeva dal fatto che la voluminosità e la pesantezza dei libri mi è sempre stata d'ostacolo quando leggo sdraiata; perciò preferivo staccare le parti che mi interessavano senza più rilegarle. Infine li ho prestati e dati via, particolarmente quelli a me più cari, e per una ragione del tutto assurda: una completa mancanza di rispetto di fronte a questo esemplare di carta massificato come inadeguato al suo contenuto; come se fosse più giusto che il contenuto conservasse la sua indipendenza, senza relazioni con la carta su cui veniva stampato. In un mio racconto del 1904 (*La casa*) feci di questa casa lo scenario di storie legate a persone a me molto vicine – cambiandone l'età, il destino e i rapporti con i vari personaggi. Il bambino che vive felicemente insieme ai due genitori, ad esempio, è un ritratto di Rainer e con il suo consenso utilizzai nella trama anche una lettera che mi aveva scritto. Ma già prima di allora, nei giorni di Schmargendorf, avevo quasi portato a termine quel romanzo che, ispirato dalla mia nostalgia per la Russia, sarebbe poi diventato *Rodinka*, un romanzo che mi auguravo trovasse un pubblico, nato com'era per trasmettere una profonda conoscenza del mondo russo. Di solito, invece, quel che usciva dalla mia penna scaturiva da un bisogno quasi vitale, dal puro piacere della scrittura, dell'affabulazione.

I miei manoscritti poi li conservavo in una cassaforte in banca e li riprendevo in mano solo malvolentieri e per ragioni molto concrete, cioè per necessità economiche. Nei confronti dei saggi invece avevo un atteggiamento diverso: li sperdevo in tutto il mondo senza mai raccoglierli.

Voglio in quest'occasione svelare una stranezza: sentivo il lavoro intellettuale come un'azione tesa a rafforzare la femminilità, mentre il lavoro poetico mi sembrava un'azione maschile; per questo le mie figure femminili sono quasi sempre osservate da un punto di vista maschile. La ragione per questa distinzione risale al periodo giovanile; poiché il lavoro intellettuale, verso il quale mi educava il mio amico, era indissolubile dall'amore che provavo per lui, mentre tutto ciò che stimolava la fantasia era sottoposto al suo divieto e poteva sottrarsi alla sua ubbidienza solo con un atto di ribellione maschile. Ciò non deve meravigliare se si considera quanto siano radicate nel profondo dell'inconscio le azioni istintive.

Durante l'inverno cedetti un'altra volta alla tentazione di andare a Berlino, spinta da Max Reinhardt, che mi aveva invitata ad assistere alla fondazione del suo *Kammerspiele*. L'esperienza era così forte da farmi passare in secondo piano anche le relazioni umane con le persone che lo circondavano, e questo non è poco. Non penso alla discutibilità della fama o della critica nei confronti di Reinhardt, quanto piuttosto alla singolarità del vero lavoro; non trasmetteva alcuna tradizione né insegnamento che potesse durare, ma solo l'impressione della singolarità della sua creatività, resa libera da ogni altro impegno. Riportai l'impressione che in quel Reinhardt sognatore, che accoglieva la poesia passivamente, come lo fa il grande attore nella ricezione di un dramma che deve recitare, la vera genialità consisteva nell'immensa attualità che irrompeva durante il lavoro impadronendosi anche degli attori. Come uomo, Reinhardt era molto timido e insicuro, ma quando lavorava possedeva una forza trascinante che da sola era in grado di spiegare la sua energia e volontà. Quando negli *Spettri* Agnes Sorma ascoltava singhiozzante la confessione di sua figlia, senza trovare il tono richiesto da Reinhardt, la prova terminò nella stanchezza generale. Ma mentre stava per andarsene, la donna affaticata fu presa da una crisi di pianto; allora Reinhardt saltò su col braccio per aria e gridò entusiasta: «Ecco il tono, eccolo!», e la crisi di pianto fu ripetuta per le prove.

Ciò che mi colpiva in lui comunque dipendeva dal fatto che, nella sua poesia, l'elemento onirico e il momento volitivo vi si scontravano, producendo l'effetto espressivo e rendendo visibile, nel loro sfogo personalissimo, la cosa da creare in quel momento. In ogni caso tengo a sottolineare che tutto ciò che indirettamente ho ricevuto da Max Reinhardt, le impressioni e le relazioni umane con le persone intorno a lui (e quanto mi hanno arricchito persone come Kayssler, Bassermann, Moissi, Gertrud Eysoldt!), passava in secondo piano rispetto allo spettacolo che lui stesso offriva.

Nello stesso periodo, col passaggio della compagnia di Stanislavskij, ebbi l'occasione di confrontarmi anche con la concezione teatrale opposta. Conoscevo Stanislavskij fin da San Pietroburgo; Reinhardt seguiva appassionatamente le sue rappresentazioni in cui, al posto del regista, subentrava la volontà del collettivo, che accomunava tutti gli attori della medesima estrazione sociale e culturale. L'espressione collettiva era mancata al teatro fino ad allora e il suo effetto fu potenziato al massimo dal carattere russo. Pensavo spesso che un tale principio, una tale base comune dovesse creare il fondamento per un teatro nuovo, non più espressione dell'arte che produce un divertimento privato, ma anzi di un'arte che sorge da un profondo bisogno umano. Strinsi amicizia con Stanislavskij e le nostre passeggiate a due, dall'albergo russo Unter-den-Linden fino alla sua villa a Grunewald, costituivano interessanti occasioni di confronto e discussione. In quel periodo la nostra intesa era perfetta; solo durante la Prima Guerra Mondiale mi divenne completamente estraneo.

Prima dei mesi invernali passati a Berlino, avevo compiuto molti viaggi in Norvegia, Svezia e Danimarca, senza riuscire però a incontrare mai Rainer, che pure si trovava in quelle zone. Sapevo che era ospite da alcuni amici di Ellen Key nel sud della Svezia, perciò, passando da Copenaghen, gli avevo spedito una cartolina del mio albergo, segnando con una piccola croce la finestra della mia stanza; quando Rainer la ricevette, cercò di raggiungermi, ma nel frattempo ero già ripartita. Fu circa nello stesso periodo che diventammo entrambi amici di Ellen Key, insieme alla quale intrapresi il mio terzo viaggio a Parigi – nel 1909 –, dove incontrammo Rainer, allora segretario di Rodin. Ellen Key era talmente buona con me, che sopportava con spirito perfino la mia avversione per i suoi libri, anche se ogni tanto non mancava di minacciarmi: «Cara stupida, la prossima volta non mi fermo da te a Gottinga e vado dritta fino in Italia a piedi». Le piaceva molto stare da noi, e anch'io amavo la sua casa sul lago di Vättern, in Svezia, dove una volta trascorsi la fine dell'estate.

Rainer e io perdemmo, a nostra insaputa, un'altra occasione per rivederci; fu dopo il suo soggiorno a Duino, quando io, ritornando dal sud, feci una breve sosta a Sistiana. Più tardi, ci divertimmo a immaginare quale sarebbe stata la nostra sorpresa, se un bel mattino ci fossimo incontrati passeggiando in riva al mare. Dopo averlo visto a Parigi, mi resi conto che ogni nostro incontro ci dava l'impressione di aver camminato nel frattempo sulla stessa strada, di essere arrivati alle stesse mete; come se una segreta corrispondenza, non realmente avvenuta, fosse intercorsa tra noi ad annullare la separazione. Anche se molti avvenimenti casuali erano accaduti, il momento in cui ci incontravamo di nuovo rappresentava sempre una meta raggiunta da entrambi, una festa appunto che riusciva a ricondurre tutte le preoccupazioni e tutte le malinconie a una comune serenità.

Ho toccato anche la Spagna, ma molto prima di Rainer. Arrivata a San Stefano [così nell'originale], tuttavia, una corrida mi ispirò un tale orrore verso questo Paese, che preferii restarmene in territorio francese, nella regione basca (Saint-Jean-de-Luz). Con il passare degli anni, ero diventata sempre più avida di viaggi, ma anche e soprattutto più ricettiva dinanzi alla realtà, ormai non più un semplice fondale per avventure dello spirito fuori dall'usuale (come, in fondo, lo era stata ancora Roma): mi aprivo tutta alla gioia di percepire gli oggetti del mondo esterno. Fu insieme a Paul Rèe che scoprii veramente questa gioiosa apertura alla vita, e subito mi feci trascinare con tale entusiasmo, che lui soleva commentare: «Se continui così, quando sarai vecchia nessuno riuscirà più a porti un freno!». In effetti, questa sarebbe stata l'immagine che molti avrebbero più tardi attribuito alla mia giovinezza, offrendo non di rado l'occasione a gustosi equivoci. Come quella volta che, nel mezzo di una piacevole conversazione fra estranei, qualcuno ebbe la sfacciataggine di dirmi che ricordava di aver sentito, molti anni prima, come io mi dileguassi all'improvviso ogni primavera e autunno per poi far ritorno letteralmente rigenerata. E io, nel tono più serio e severo di cui ero capace, gli risposi che avrebbe dovuto smentire certe dicerie e controbattere, piuttosto, che io non avevo *mai* conformato la mia vita alle stagioni dell'anno.

I miei compagni di viaggio cambiavano nello stesso modo in cui i Paesi e i popoli visitati richiedevano disposizioni diverse; la solitudine mi è rimasta però un bisogno fondamentale. Rispetto ai viaggi di oggi, che comprendono anche i Paesi d'oltremare, mi limitai al piccolo scorcio europeo. Non sono mai stata attratta dalle regioni occidentali. Il mio viaggio più lungo a Sud mi portò, attraverso la Bosnia, l'Erzegovina, la Dalmazia, la Bulgaria, il Montenegro e l'Albania, in Turchia e nell'odierna Jugoslavia, i cui abitanti mi ricordavano la mia infanzia, come se lì l'uomo russo fosse stato liberato dalla sua schiavitù alla serenità e alla libertà; il dominio turco puramente formale non cambiava nulla, c'era una pacifica convivenza. Solo raramente ho visto delle immagini così leggiadre e gentili come quelle delle donne jugoslave, alte, dai capelli biondo-scuri, tanto diverse dalle grasse donne turche dall'andatura un po' goffa; mai ho visto piccoli mendicanti più affascinanti, i cui movimenti sembravano essere ispirati alla bellezza da un'antichissima tradizione. Tutto sembrava ancor più intriso d'Oriente e selvaggiamente primitivo che non in Russia.

Anni dopo Rainer e io parlammo di queste impressioni in modo così vivace come se fossero state esperienze vissute insieme. Anche ciò da cui Rainer era rimasto attratto nella vita religiosa in Russia, qui gli sembrava potenziato; era forse un modo più meccanico, ma proprio l'età, la fossilizzazione, lo rendevano più efficace. Eppure quest'atteggiamento non pretendeva in nessun modo di voler coinvolgere i miscredenti nella propria religiosità. Già nelle funzioni religiose russe, e più ancora in quelle armene, questa rigidità costituisce l'effetto maggiore, aprendosi allo straniero come un vuoto piatto d'argento affinché vi deponga la sua propria devozione, una cosa analoga accade nei riti dell'Islam. Se entrando in una moschea ci si disfa delle scarpe per poter accedere al religioso silenzio della gente raccolta in preghiera, accovacciata sui bei tappeti dell'interno, si viene presi in modo irresistibile dal desiderio di raccogliersi nella propria introspezione.

Mi ricordo della prima impressione quando, di notte, cominciai a presagire la natura di questa devozione. Attraverso la finestra aperta entrava il chiasso dei vicoli stretti, un rumore frenetico di mercanti, carrozze, asini e altre espressioni della vita orientale; all'improvviso su tutto scese un completo silenzio, come se l'universo stesso trattenesse il respiro.

Dal minareto della moschea, che si innalzava come un dito nella notte, si sentiva il grido del muezzin: «Allah Akbar», un grido che, salito dal cuore di ogni creatura angosciata e ardente, si eleva al confine fra la luce e l'oscurità. Chi lo ascolta non si cura del suo significato e sente piuttosto il desiderio di associarsi agli altri in un profondo sentimento di devozione. E così, ancora di notte, prima che sorga l'alba, questo richiamo si posa sul silenzio del sonno come un annuncio della vita che è, insieme, risveglio e declino.

Nel 1911 feci il mio ultimo viaggio a San Pietroburgo e in Svezia; al ritorno da Stoccolma mi recai insieme a uno psicoterapeuta svedese a Weimar dove, a settembre, ebbe luogo il congresso di Freud. L'anno dopo mi trovavo già a Vienna e da allora non intrapresi più alcun viaggio che non fosse collegato con Freud, oppure con Rilke, o che non avesse ragioni professionali.

La guerra mondiale segnò irrimediabilmente la fine di questi anni spensierati, nel corso dei quali avevo potuto conoscere Paesi e popoli diversi; guardando indietro, mi appaiono oggi come un capitolo di vita a sé, in cui le esperienze personali e gli eventi più remoti si confondono nella complicità della gioia e della fiducia – soltanto ricordi, ormai, ricordi che possiamo solo sfiorare con uno sguardo dalla distanza di quegli ultimi quindici anni, dal 1914, che ci hanno trasformato completamente.

Al posto dello scambio molteplice fra vecchi e nuovi conoscenti, ci si raccoglieva ora sempre più strettamente intorno alle persone che condividevano le proprie idee. A Vienna, nella cerchia numericamente ancora ristretta intorno a Freud, fui accolta in una comunità che aveva i miei stessi obiettivi. Vi ritrovai molti degli effetti benefici del circolo di Paul Rée; e risentivo addirittura la stessa naturalezza dello stare in mezzo a dei fratelli i quali, nonostante la loro diversità, avevano gli stessi genitori. Il comune sostrato ideologico ci teneva uniti, anche se provenivamo da emisferi diversi, da Paesi lontanissimi.

La maggior parte di loro andò in guerra. Freud, che aveva tutti e tre i figli e suo genero al fronte, mi scrisse una volta alludendo alla mia buona opinione sugli uomini: «E ora cosa dice dei fratelli? E lei stessa con la sua serena fiducia riuscirà mai più ad essere completamente serena?». Lacerata fra i popoli in guerra, in lotta con me stessa nel più completo isolamento, la mia risposta era: no.

La guerra come prerogativa maschile. Mi si imponeva ineluttabile l'idea che il mondo sarebbe stato diverso se le donne avessero comandato gli uomini; quante volte ancora questo sogno si dovrà ripetere nella ribellione contro la totalità del destino umano? Non sembra forse di vederla levarsi davanti ai nostri occhi, simile a un grandioso monumento sui confini tra i popoli in guerra, la figura della *Madre Addolorata*, china sul soldato ucciso, sul figlio di un'altra madre? Sarebbe tuttavia un errore voler ricondurre questa immagine a una visione, a una spiegazione tanto riduttiva. Poiché essa *non* è quel che sembra. L'elemento materno, dalla cui fisicità nasce il genere umano, non è solo eterna *sopportazione* di ciò che accade ad ognuno dei suoi figli, bensì anche eterno *contraccambio* di ciò che minaccia la loro vita. Essere madre significa necessariamente prendere appassionatamente parte, nell'amore e nell'odio, quando la posta in gioco è colui che ha partorito, immettendolo nella vita come parte inalienabile di sé.

L'eredità materna conferisce ad ogni creatura la forza della sua abnegazione e della sua brutalità: l'inesorabile delimitazione del proprio sé. Anche se vi è un serio desiderio di pace in ogni individuo, esso sente altresì che la pienezza della vita non esiste senza aggressività, senza ira e senza difesa contro tutte le minacce. Per questo anche la più convinta e nobile ideologia pacifista non è mai esente dal sospetto di insensibilità; poiché, se un tale distillato epurato di razionalità e dominio dei propri sentimenti si è potuto fare strada, manca quella presa di posizione che solo rende possibile l'identificazione con l'oggetto confutato.

Per la stessa ragione non esiste che una differenza apparente fra epoche barbariche e civiltà più avanzate, poiché esse da un lato sono in grado di produrre armi e mezzi di distruzione più raffinati, dall'altro si contendono l'abito morale con cui curare e guarire le ferite inferte al nemico. Le nostre guerre non sono che l'espressione della guerra a livello individuale: ogni essere è radicato su due livelli diversi che, opposti l'uno all'altro, si contendono lo spazio psichico; ogni umanità è esposta all'ambiguità della sfera istintiva e di quella razionale, ambiguità che determina un'insanabile frattura a livello individuale. Il progresso culturale porta a una terza possibilità: di arrivare cioè a una tolleranza reciproca (una simile disposizione è riscontrabile nel tentativo di far cessare le ostilità dopo la guerra). Ricorriamo a questa metodologia culturale per non sbranarci del tutto interiormente. Ne risulta però una specie di mistificazione come nostro abito mentale; la direzione di questa confusione non va solo dall'interno verso l'esterno, ma anche dall'esterno verso l'interno, mettendo la maschera sulla propria anima: ciò non può accadere a un'umanità più sprovveduta e più vicina alla sfera istintuale.

Ma in aperto contrasto con questo, il progresso riporta anche all'esperienza primitiva, colpendo l'uomo più profondamente di ogni altro destino fino a ripristinare il suo stato psichico originario. Ancora anni dopo, nei racconti dei reduci di guerra, si assisteva alla commovente testimonianza dell'ignoto. Ciò che si può riassumere nei termini di «cameratismo» e di solidarietà, superando nell'identità esperienziale ogni altro legame affettivo, quale l'amicizia e la famiglia, li legava in una totalità, in un'identità dell'essere facendo di tutti gli uomini un'unica forza indivisibile, come prima che il *principium individuationis* li avesse rinchiusi nella loro coscienza singola. Senza dubbio, l'esperienza abissale di ciò che significa la realtà dell'orrore, contiene un immenso valore umano poiché gli uomini l'hanno vissuta nella sostanzialità del proprio essere. Solo per mezzo della completa eliminazione di ogni mistificazione nei confronti di se stesso l'uomo accede a ciò che è veramente la vita.

Nel periodo bellico e postbellico, la psicoanalisi freudiana, sia come analisi che come terapia, occupava in maniera crescente la mia vita personale. Non c'è atteggiamento più guerriero di quello che, senza reticenze, scopre tutta la nostra carica aggressiva fin nelle nostre fondamenta psichiche. Non c'è atteggiamento atto a superare in modo così totale ogni stato di guerra come l'accesso collettivo al sostrato psichico di noi tutti.

Che cosa successe dopo? Solo questo, che uno straniero entrò nella stanza, senza ricevere né amore né odio, dedicandosi con rigore scientifico a questo lavoro, eppure portando a un maggiore sconvolgimento di quello che, al di fuori dell'ambito della viva collaborazione, sarebbe esprimibile.

Gli anni passarono, le fila dei coetanei si diradarono come la guerra aveva diradato le fila dei giovani, ma lo straniero rimase. Negli ultimi giorni del 1926 morì Rilke, nell'ottobre del 1930 mio marito. Poco dopo tentai di tracciarne il profilo come meglio potevo; perciò lo isolai più tardi in un'appendice di ciò che, l'anno dopo, cominciò a imporsi in me con crescente urgenza quale materiale imprevedibile dei miei ricordi, che forse non a caso riescono a raggiungerci solo nella vecchiaia, come se dovessero percorrere un lungo cammino prima che si dischiuda la loro parte immortale.

L'esperienza individuale non ha poi, in fin dei conti, quella importanza che siamo soliti attribuirle: non importa a quale punto della nostra esistenza ci è dato di provare la felicità e le sofferenze dell'esistenza. Perfino il contenuto più insignificante e apparentemente senza importanza può contenere l'incommensurabile, poiché anche nelle esperienze di maggior successo e affermazione di sé il quadro complessivo rimane sconosciuto al nostro occhio umano. Rimane un rebus che ci comprende nel suo segreto palese.

XII. F.C. Andreas

L'uomo importante, in confronto a colui che (spesso troppo superficialmente) viene definito come uomo comune, contiene in sé l'uomo intero con le sue contraddizioni, ma anche con le sue sofferenze, causate dall'insieme dei contrasti. Anche quello che definiamo «talento» si realizza spesso nel dramma interiore, nell'attrito del doloroso tentativo di mediazione che chiama in suo soccorso tutte le energie disponibili. La cosiddetta personalità *armonica* – in qualche modo meta di tutta l'umanità – significa effettivamente o l'accontentarsi di una pace fittizia, mediante la riduzione delle possibilità umane, oppure una mera struttura di perfezione, costruita su categorie non-umane, prese dal regno animale e vegetale con cui confrontiamo, invidiosi, la nostra maggiore complessità.

Per l'umanità la distinzione fra l'essere originario e la coscienza è all'incirca la stessa che fra primitivo e civilizzato, sebbene l'uno sia la progressione, non la diminuzione, dell'altro, poiché la razionalità non può sfuggire al suo sostrato originario, ma solo costituirne la sovrastruttura. Dal *nostro* punto di vista, chiamiamo queste due civiltà quella europea e quella extra-europea (nonostante l'alto grado di civiltà raggiunto); quest'unità antagonistica comprende l'indissolubile problematica dell'umanità in genere. Disporre di questi elementi, a livello individuale, significa sia arricchimento sia essere maggiormente esposti alla lotta fra ingegno e sofferenza. Nel caso di una persona che *nasce* addirittura sospesa fra le due direzioni o possibilità è inevitabile che le sue capacità non solo aumentino, ma che si vendichino anche assumendo queste premesse quale tratto personale dell'intera personalità. Questo stato di cose mi si impone tutte le volte che tento di spiegare la figura di F.C. Andreas, che si vide posto fra le due possibilità in senso positivo e negativo e non posso fare a meno di attingervi sebbene sia cosciente dell'unilateralità di una tale caratterizzazione. Infatti essa evidenzia *solo* un tratto, anche se è il tratto fondamentale, che mi pongo come limite, perché la visuale troppo personale mi impedisce di tracciarne il profilo complessivo.

In Friedrich Carl Andreas (nipote di un medico della Germania settentrionale con spiccate qualità intellettuali che si trasferì a Giava dove sposò una malese, donna bellissima, dolce e da lui molto amata) si riunirono già nell'atto di nascita l'Occidente e l'Oriente; sua madre sposò a sua volta un armeno nativo dell'Isfahan, discendente della nobile stirpe dei Bagratuni. Suo padre si trasferì ad Amburgo quando Andreas aveva sei anni; quindi, compiuti quattordici anni lo mandò in un ginnasio a Ginevra, dove si distinse per la sua appassionata ambizione dedicandosi, oltre che alla musica, allo studio delle lingue. All'università in Germania studiò lingue orientali, in particolare l'Iranistica. Si laureò nel 1868 a Erlangen, fece due corsi di perfezionamento a Copenaghen finché la guerra del 1870 lo richiamò in patria. Alla fine del conflitto andò a Kiel, dove intensificò i suoi studi sulla lingua e scrittura Pehlevi e che terminò solo nel 1882, perché nel frattempo aveva deciso di partecipare a una spedizione in Persia. Ciò corrispondeva in pieno alle sue aspettative perché poteva unire gli studi all'esperienza pratica in Oriente; però già si evidenziavano i contrasti fra l'europeo integrato e utilitarista e quella parte in lui che non riusciva a trattenersi dal godere l'ozio e lo svago. Ciò che dal destino era stato unito e legato in modo positivo, fallì. Raggiunse la spedizione in ritardo – era già partita – perché sulla strada si era intrattenuto troppo in India, dove riuscì a fare importanti scoperte e trovare reperti preziosi che però non riguardavano minimamente la ragione per cui era stato inviato; questo atteggiamento lo mise in cattiva luce, si interpretarono male le prime cose inviate da lui dalla Persia e lo si richiamò. Il maggior scalpore però fu suscitato dall'ira con cui rispose al richiamo, a cui fece seguito il proseguimento dei lavori in Persia con ostinato ardore *senza* finanziamenti statali. Seguirono sei anni passati nella miseria più nera; costretto a ritornare per una malattia agli occhi contratta leggendo le iscrizioni all'accecante luce del sole; si guadagnò la vita dando lezioni private fino alla fondazione dell'Istituto orientale a Berlino, presso il quale ottenne la cattedra. Ma in seguito a intrighi, anche l'insegnamento universitario terminò presto; fu accusato di non adempiere al suo compito, si disse che non era dedito all'insegnamento scientifico, ma piuttosto all'interesse pratico di diplomatici e commercianti; le critiche erano tanto più infondate quanto proprio il suo seminario era frequentato esclusivamente da scienziati per i quali lui era il maestro per eccellenza.

In questi equivoci, determinati da circostanze esterne, era insito il grave pericolo di evidenziare il suo dissidio interiore poiché, anche quando si dedicava senza sosta al lavoro di ricerca, questo cozzava contro un altro limite per cui la strada delle dimostrazioni razionali gli sembrava indeterminabile, paragonata all'evidenza interiore con cui anticipava, in modo quasi visionario, i risultati della ricerca scientifica.

La sua precisione scientifica, proprio per la sua scrupolosità, urtava contro l'impossibilità di soddisfare l'altra sua disposizione naturale, quella cioè dell'intuizione visionaria. Qualcuno che gli voleva male, disse una volta giustamente: «Saresti adatto a fare il santone in Oriente». Ma lui non si era mai concepito come uno che, seduto in una tenda sotto il chiaro cielo meridionale, elargisse saggezze ai suoi discepoli, bensì si era sempre visto come ricercatore che, percorrendo l'iter scientifico occidentale, non perde mai di vista la meta della più rigorosa scientificità. Le due tendenze contrapposte non scendevano a compromessi; entrambe esigevano la propria realizzazione in conformità al suo forte temperamento. Non cambiò nemmeno più tardi, in quegli anni difficili: dopo aver ottenuto la cattedra di Iranistica e di Semitica, non riuscì a fissare i risultati delle sue ricerche, a pubblicarli: si accontentò di notizie *provvisorie*, come se le avesse prese durante il cammino di una spedizione. In realtà un risultato non si esaurisce fissandolo, potrebbe essere reso sempre più scientificamente plausibile in contesti sempre più vasti e profondi, qualora si fosse disposti a dedicarvi una vita. L'insieme di estrema scrupolosità e capacità sintetica quasi divinatoria di cui Andreas, a detta di tutti, era in larga misura dotato, non permetteva alcuna analisi ufficiale dei suoi lavori scientifici, non si adattava a nessuna sistemazione adeguata. Così, la parte più preziosa rimaneva sempre una specie di visione intima, racchiusa in lui stesso, sebbene ogni particolare della sua ricerca, ogni sua asserzione mirasse, nella sua singolarità, al tutto, aiutando effettivamente la comprensione del tutto.

C'era però *un* punto d'incontro fra questi suoi contrastanti metodi di conoscenza: questa singolarità, misto di visione e scientificità, portava i suoi frutti nell'allievo pronto all'apprendimento e dotato della stessa volontà. Il suo eccesso di scientificità fu avallato dalla scienza dei suoi allievi. Senza esitazione si può asserire che fu un vero delitto che Andreas sia rimasto durante i suoi quindici anni migliori senza alunni di rilievo, per dare invece a Berlino lezioni di tedesco a ufficiali turchi. Solo a Gottinga, entrando in contatto con i più dotati fra i suoi alunni, gli era dato poter mettere a frutto la sua ricchezza interiore. Dopo la morte di mio marito, un suo collega, che lo conosceva fin da giovane, ne disse: «Chi vi ha mai fatto parte, era tenuto da lui come sul palmo della mano, restandogli fedele. Ma quanto veniva seguito anche da lui!».

Se confesso che il ricordo della sua persona da parte dei suoi ex allievi mi ha quasi cancellato la sua morte, non intendo alludere al loro lutto, alla loro partecipazione per la sua scomparsa, ma al fatto che la sua immagine continuava con una tale vivezza, come se lui stesso divenisse completamente reale solo in quel momento. Vorrei poter raccontare ciò che mi ha riferito uno dei suoi studenti preferiti che, tornando da anni di guerra, si sentì come sradicato dalla scienza perché l'anelito e il pensiero scientifico non trovavano più materiale nella memoria su cui applicarsi. «Sembrò impossibile ricostruire questo mondo interiore per mezzo dello studio di testi; ma bastava che mi chiedessi: com'è stato con Andreas, la prima volta e dopo? Quale espressione aveva quando parlava? Infatti le sue parole mi sommergevano fin dall'inizio come il tutto e credetti di dovervi affogare; non mi ritenevo affatto capace di farcela, e questo nonostante il mio vecchio maestro mi avesse ingiunto: "Ora è arrivato al punto che deve andare da Andreas". Nella rievocazione di queste imprese ritrovai quel che avevo cercato. Ciò non era erudizione scolastica, ma non si prestava nemmeno ad essere appuntato perché la ricerca di Andreas era sempre pronta a ricominciare *ex novo* e a trovare insieme ai suoi allievi nuove soluzioni. Quest'esperienza vissuta era completamente intatta, iniziando da lì a formare un tutt'uno».

La sua personalità e il suo sapere, le due entità che si combattevano in lui in modo ambiguo, riuscivano a confluire in una visione unitaria nei suoi alunni: l'esperienza, la certezza, l'evidenza e la catena incessante delle dimostrazioni minute. Uno dei suoi ex alunni definì perciò l'impressione complessiva che Andreas suscitava come una «sovranità regale», immune contro tutti gli attacchi esterni, nella consapevolezza di una grande ricchezza salda e certa, e nell'assenza completa di sete di gloria mondana.

La forma esteriore che Andreas soleva dare ai suoi seminari (non all'università, ma a casa, nel suo studio) favorì la formazione di impressioni personali. Si veniva solo la sera, quasi alle soglie della notte e non ci si separava tanto presto; infatti a lui, che non andava mai a letto prima delle quattro di mattina, la notte diventava giorno. Per ristorare gli spiriti impegnati si beveva del thè, preparato da lui personalmente con cura orientale, insieme a delle paste, oppure del vino con delle tartine; già la scelta del modo di ristorarsi indicava il carattere e l'argomento delle discussioni.

Ciò che accadeva ai suoi alunni, accadeva a lui. Nei primi anni a Gottinga riuscì ad assicurare, dopo molte fatiche, un finanziamento sufficiente per uno dei suoi studenti che era stato chiamato a guidare una spedizione in Persia. Credo di non aver mai visto tanta gioia sul suo volto come allora, quando tornando a casa me ne parlò.

Eppure anche l'immensa soddisfazione di una tale comunità non riusciva a cancellare del tutto la dimensione ambigua del carattere di Andreas, simile a una potenzialità tragica che ogni tanto, anche se raramente, si concretizzava; come quando, ad esempio, uno dei suoi studenti doveva passare alla stesura di uno studio fatto. Se questi riusciva ad avvicinarsi meglio alla meta della ricerca scientifica di quanto Andreas fosse mai riuscito, si sentiva assalito dalla stessa sfiducia e dagli stessi scrupoli del maestro, se cioè lo studio era stato davvero pensato fino in fondo e quindi veramente maturo per essere pubblicato. Anche sull'opera dell'altro cadeva allora il sospetto se per l'ambizione e la frettolosità del tempo non sacrificasse ciò che era stato il significato indipendente e non ancora raggiunto del lavoro comune. Ma chi può dire se questa diffidenza non era in ultima analisi una necessità di Andreas per non cadere nella diffidenza opposta, quella cioè della discordanza dei suoi due metodi di ricerca: quello che si compiva spontaneamente di fronte all'evidenza del vissuto e quello rimesso alla dimostrazione scientifica e perciò indeterminato e indeterminabile. Il suo più grande orrore in tutti i campi era costituito dalla manovra mistificatoria del dilettantesco, che induce all'erronea convinzione di condurre al tutto, mentre in realtà rinuncia solo all'esattezza delle parti. Questo terrore si scontrava con le possibilità latenti di odio nei confronti dei suoi alunni preferiti e con il dolore opposto di essere diviso da loro dalla paura di non saper esaurire, nemmeno per loro, la propria ricchezza. Questo non diminuiva il suo affetto, ma l'approfondiva dolorosamente perfino nell'odio. In modo conciso, Gerhart Hauptmann ha definito la capacità d'amore di mio marito con le parole: «Selvaggio e soave».

Non si può ignorare il pericolo insito in questa conflittualità interiore che portava Andreas a un sovraccarico e a uno spreco eccessivo di forze che lo spingevano in uno stato di irrequietezza interiore, in una specie di mancanza di giorni festivi a cui veniva meno lo sguardo a ritroso su ciò che aveva già terminato: all'improvviso quest'uomo meravigliosamente attivo e operoso sembrava esausto e come inseguito da se stesso. Perciò, nella convivenza, era bene non confrontarlo con ciò che avrebbe potuto distrarlo. Anche il suo senso del dovere era eccessivo perché richiedeva una continua partecipazione, voluta per così dire dalle scadenze; soleva dare più del «dovuto a Cesare», ma questo «più» gli costava troppo per potercela fare. Lotte del genere furono quasi fisicamente combattute da lui e a vederlo uno si sentiva colpito come se in questo vedesse il suo destino.

Il suo dolore per le molte cose non fatte nei suoi anni giovanili e per l'ingiustizia subita nella sua patria tedesca non cessò per tutta la vita. Mi ricordo l'effetto che gli fece una mia richiesta: qualcuno che lo stimava mi aveva chiesto di intervenire presso mio marito per chiedergli se non voleva dare il suo contributo alla raccolta di alcune autobiografie di scienziati. Mio marito si stava preparando il thè. Non rispose, ma il suo volto abbronzato si fece bianco e i suoi occhi fissarono minacciosi un punto nel muro, come se lì, di fronte a lui, si trovasse l'infelice che aveva osato fargli una simile richiesta, già condannato a morte. Pose la teiera perché tremava tutto. La ragione banale per cui aveva appoggiato il bricco era evidente. Eppure rabbrividivo delle sue mani libere.

Questa e simili occasioni non sono affatto paragonabili a ciò che generalmente si ritiene un lasciarsi andare o una mancanza di autocontrollo: se era necessario riusciva ad avere un estremo controllo di sé. Questi eccessi avevano origine piuttosto nella maggiore vibrazione di tutta la sua sfera affettiva; a volte cominciava a oscillare in occasioni che lo toccavano appena, come se vi si appigliasse per sfogarsi in mezzo alla pacatezza generale.

A torto ci si spaventava maggiormente della sua partecipazione interiore che non della causa riflessa. Un piccolo episodio che risale ai primi anni del nostro matrimonio mi sembra cogliere in modo caratteristico questo aspetto: avevamo preso, come cane da guardia, un enorme terranova e in una notte d'estate mio marito entrò di soppiatto dal giardino per vedere se il cane, che aveva ancora poca confidenza con noi, avrebbe fiutato il padrone oppure un ladro. Mio marito era nudo, uno stato sconosciuto fino ad allora al cane. La cauta flessibilità dei suoi movimenti, l'assorta serietà dell'espressione lo facevano assomigliare talmente a una belva in cerca di preda che – è difficile esprimerlo – entrambi si identificavano come forze arcane. Si immedesimava al dramma interiore dell'animale, al suo conflitto in modo tale che sembrava non recitare più, anche lui esposto all'ambivalenza del suo desiderio: poiché in realtà voleva essere amato e protetto dal nuovo compagno. L'animale, teso al massimo, si tirò fuori dall'impiccio in modo brillante, soddisfacendo al contempo entrambe le esigenze: si ritirò ringhiando minacciosamente. Al che mio marito, contentissimo, rise ad alta voce abbracciando il cane che successivamente gli era saltato addosso, rotolandosi con lui sul pavimento.

Ci si meravigliava spesso di un suo atteggiamento riservato, trattenuto, teso a coprire la partecipazione interiore. Così ad esempio quando il suo amico Franz Stolze, suo compagno in Persia, raccontava degli anni che avevano passato insieme, mio marito in genere non diceva una parola. Si sentiva che per lui non si trattava semplicemente di avvenimenti interessanti, ma di esperienze intime; e il fatto di comunicarle non era che un'indiscrezione, non solo per le sofferenze subite, ma anche per la felicità sentita il cui ricordo lo toccava troppo.

Ma c'erano dei momenti in cui tirava fuori questi racconti come dei tesori, raccontandoli ai suoi amici e alunni: la serata dal viceré, il suo servo, il suo cavallo, il foxterrier che dovette lasciare lì con grande dispiacere, il suo camaleonte. Ma preferisco citare con le parole di uno di loro il modo con cui Andreas raccontava dei suoi viaggi:

> Se verso l'alba eravamo troppo stanchi per continuare il nostro lavoro, ma ancora restii ad andarcene, la conversazione si arricchiva. Una volta Andreas mi lesse una quartina di Omar Khayyam nella traduzione di Rosen: non era un racconto della Persia, ma una scena sotto il cielo persiano. La saggezza orientale parlò nei versi, il vino e l'amore arrotondarono l'immagine di una serena spiritualità e delicatezza unica.

Oppure:

> Al di là dell'incessante produttività intellettuale, per cui nessun argomento era in sé conchiuso, anche la grammatica formale trasmetteva un pezzo dell'Oriente vissuto. Dietro alle deduzioni della scienza razionale si scorgeva sempre la rigogliosa vita reale dalla quale erano tratte; un incalzarsi ineffabile di vita che faceva di ogni parola, e delle regole fonetiche e morfologiche da essa dedotte, una parte del mondo reale.

Mi sembra che in questo senso la realtà spirituale sia rimasta contemplazione più imminente all'uomo orientale che non a quello occidentale, per il quale l'idea, l'ideale e l'ideologico significano già un distacco da qualcosa al di sotto o al di sopra di esse (a eccezione forse dell'amore goethiano per l'Oriente e la natura, che è entrambi allo stesso tempo). La spiritualità acquista un'espressione fisica, mentre la fisicità trascende se stessa. Questo stato di cose mi sembrava atto a spiegare molte delle caratteristiche particolari e sostanziali di Andreas, in cui la spiritualità e la sensualità formavano un'unione indissolubile. I suoi alunni sanno quante volte, prima o dopo una lezione, venivano trattati problemi di natura sessuale senza reticenza, conferendo loro un'importanza pari alla lezione stessa. Sebbene si preoccupasse poco della sua salute e della sua persona, il corpo, lavato e massaggiato con serietà orientale, richiedeva il suo profondo rispetto più di ogni altra cosa. Scherzando si sarebbe tentati di dire che, sebbene la spiritualità non vi fosse manifesta, vi era indiscutibilmente contenuta, assicurandosi il suo essere là non già in un lento processo razionale, ma acquistandolo nell'incomprensibile esistenzialità e spontaneità dell'essere stesso. Ricordo a questo riguardo un versetto del vecchio Matthias Claudius (che mio marito conosceva forse fin dalla sua infanzia amburghese), che lui era solito citare con un tono di malizioso divertimento e che mi sembrava trarre la sua origine direttamente dalla sicurezza dell'essere di cui né la limitatezza, né i conflitti fisici, né l'acume razionale lo facevano dubitare.

Vedi la luna là,
visibile solo a metà
eppure tonda nella sua beltà?

Vi fa parte anche l'impressione che in Andreas la gioventù e la vecchiaia si distinguevano meno nettamente del normale; quasi non fossero separate l'una dall'altra in una successione temporale. Non saprei dire se era più posato da giovane o più impetuoso, poiché la sua presenza era sempre come sospesa nel tempo e davanti ad essa si erigeva invisibile l'armonia delle cose a venire. Credo sia stato questo che molti, anche quelli che lo conoscevano poco, hanno definito il suo «fascino». Malgrado il conflitto interiore, i contrasti che lo facevano soffrire, lo circondava un presente indistruttibile che gli rimase fino a ottantacinque anni, finché, senza curarsi della morte o dei terrori in agguato, si liberò da ogni temporalità come un bambino profondamente assorto nel gioco.

La mia testimonianza non può che fugacemente toccare il ricordo di persone a cui ha dato la massima gioia possibile. Ne sono consapevole appena giro lo sguardo in quelle stanze che erano sue e in cui anche gli avvenimenti più insignificanti si staccano dalla normalità di tutti i giorni rendendo manifesta la sua figura. Oppure: guardo dalla finestra sul frutteto e lo vedo al crepuscolo fare un ultimo giro, colmo ancora dei problemi scientifici che gli avevano fatto dimenticare tutto il resto, tanto era stato preso da faticoso, eppure gioioso lavoro. Camminava cautamente, come un animale, per andare a svegliare i merli imitando il loro verso, e questi gli rispondevano piano e poi cominciavano il loro dolce cinguettio, e anche il gallo nel pollaio si sentiva chiamato, preso dall'ambizione di superare il presunto secondo gallo con il medesimo canto.

Non solo imitava il merlo e il gallo con la stessa bravura con cui, seduto alla sua scrivania, si dedicava alle sue ricerche linguistiche; nel momento in cui lo viveva, aveva anche la stessa importanza della comunità dei suoi simili.

XIII. Aggiunta 1933

L'elementare e l'intimo non sono mai completamente enunciabili. Di conseguenza l'essenziale come tale rimane inespresso. Se il positivo rimane muto, può essere solo confessato partendo dal negativo: si può avvicinarlo per difetto delimitando i suoi contorni dai punti vuoti.

In un momento molto intimo della mia vita, si profilò di colpo ciò di cui intendo parlare: l'amico di gioventù, Paul Rée, e io eravamo condannati a fraintenderci come una carrozza che, a piena velocità, trova un ostacolo in mezzo alla strada. L'equivoco nacque perché per un passo mi inoltrai sulla strada di un altro, senza poter dire tutta la verità di questo passo all'amico per riguardo dell'altro. Paul Rée, a cui niente riusciva più difficile che credersi veramente amato, ravvisò in questo la prova di un distacco interiore, già avvenuto, e ne trasse tutte le conseguenze; più tardi arrivò anche a odiarmi.

Non sapeva che mai – né prima né dopo – la sua amicizia mi sarebbe stata così necessaria come in quell'ora. Poiché la necessità, che mi spinse a questa decisione irrevocabile, non separò solo me da lui, ma mi separò da me stessa.

Solo chi ha conosciuto profondamente mio marito, amandolo incondizionatamente e accettandone il carattere e il temperamento, può sapere quale significato assuma la parola *necessità* in questo contesto.

La necessità aveva origine dalla forza irresistibile a cui mio marito stesso soggiacque. Irresistibile in quanto non si compiva sotto la spinta del desiderio istintivo, ma esisteva fin dal primo momento come una realtà ineluttabile.

Non trovava la sua piena espressione in tentativi di persuasione, ma si incarnava come espressione di sé in mio marito, comprendendo tutto il suo aspetto fisico. Sarebbe vano volerlo descrivere a qualcuno che non abbia vissuto in lui ciò che io non ho mai riscontrato in nessun altro uomo. E sarebbe quasi indifferente se lo si volesse ascrivere a effetti straordinari o violenti di super-uomini senza inibizioni di sorta, oppure a effetti delicatissimi di creature senza difese che, al pari dell'uccellino, si sarebbe in grado di scacciare negando con ciò la loro fiduciosa realtà.

È però significativo che tali paragoni inadeguati e incompleti siano spontaneamente attinti al regno animale. Essi evidenziano la limitatezza di tutti i valori umani.

Per completare la mia impressione bisogna aggiungere che il mio comportamento prescindeva da coinvolgimenti emozionali e da eccitazioni erotiche che mi avrebbero privato della mia volontà, ma che, al contrario, se ne distingueva nettamente. Poiché emozionalmente non mi comportai da *donna*, assunsi anzi un atteggiamento di *neutralità* a questo riguardo, simile a quello mostrato al mio compagno di gioventù.

Ma mentre lì questa neutralità aveva avuto la sua origine in un particolare che, per quanto appena percepibile, portava alla distinzione fra sentimento della più profonda amicizia e amore, perché in maniera più o meno nitida i sensi avvertivano l'estraneità *fisica* dell'altro, tale percezione non si è mai verificata nel caso di mio marito, né all'inizio né nel corso dei decenni. In quel caso anche altre inibizioni avrebbero potuto manifestarsi, quelle inibizioni che tante donne conoscono e che non sono mai state analizzate meglio che nelle scoperte della psicoanalisi. Ma le successive esperienze della mia gioventù contraddicono già soltanto l'eventualità di questa ipotesi. Mio marito credeva allora, come era normale, che si trattasse di idee da ragazza che col tempo sarebbero passate. Ma il tempo qui significava tutta la vita, e di più: qualcosa che escludeva perfino la morte che mio marito nel vivo dell'esistenza ignorava del tutto.

Molto di più del caso particolare, mi occupava la globalità della vita chiamata in causa; al già nominato problema specifico non sapevo dare una soluzione per il momento, perché ero troppo presa dalla tristezza per il compagno scomparso, la cui accettazione era stata posta come condizione a mio marito. E lui, deciso a tutto, non se ne era fatto intimidire.

Considerando l'esperienza dovuta alla sua maggiore età, e la mia maggiore disinvoltura, quasi infantile, rispetto alle mie coetanee, la sua convinzione e la sua irremovibile sicurezza dovevano apparire quasi mostruose.

Però entrambi non avevamo conoscenza sufficiente di me stessa, della mia natura peculiare, e cioè di ciò che a nostra insaputa determina le nostre azioni. Né le mie idee giovanili né i concetti acquisiti con serio impegno intellettuale avevano per me un potere decisivo fondamentale. Vorrei descrivere questa difficoltà ricorrendo a un esempio di tutt'altro genere di cui ho già parlato: il mio abbandono della Chiesa. Non era stato né un atto di ostinazione infantile né di fanatismo di verità. Combattevo questo impulso, che avrebbe provocato dolore e scandalo ai miei genitori, non solo ricorrendo alla ragione, ma condannando il mio atteggiamento come espressione di esaltazione morale. In verità non fui io a decidere ma un sogno notturno durante il quale sentii gridarmi ad alta voce «no» mentre ricevevo la cresima. Non che al risveglio temessi di agire così alla fin fine, piuttosto percepii solo allora completamente che mi sarebbe stato impossibile strapparmi la cosa richiesta, fosse anche un atto puramente formale.

Per quanto ci sforziamo di intessere una rete di impeccabili relazioni intorno alle nostre motivazioni, o a ciò che riteniamo i nostri giudizi, essa si rivela qualche volta totalmente irrilevante, come i filamenti sottili fra qualche ramo nell'estate di San Martino, che il più lieve alito di vento porta o disperde.

Quest'esperienza repentina può modificare la vita. Si erigeva improvvisamente di fronte a entrambi, anche se quest'attimo rimase avvolto nel silenzio. Non abbiamo mai osato parlarne insieme.

Un pomeriggio mio marito si era steso accanto a me nel letto in cui stavo profondamente dormendo. Forse vi era stato indotto da una decisione improvvisa di cogliermi di sorpresa, e di conquistarmi. Un rumore, un debole sibilo, ma di un'inflessione strana e veemente, mi assalì come se provenisse dallo spazio infinito di un altro pianeta. Era accompagnato dalla sensazione di non disporre più delle mie braccia, come se fluttuassero sopra di me. Aprii gli occhi: le mie braccia erano strette intorno al suo collo; le mie mani stringevano il suo collo e lo strozzavano. Il rumore era stato un rantolo.

Vidi i suoi occhi, fissi nei miei, così vicini – un volto. Mai lo avrei dimenticato...

Più tardi ho ricordato spesso che, alla vigilia del nostro fidanzamento, un ingannevole sospetto omicida avrebbe potuto cadere su di me.

La sera, per far ritorno alla sua casa solitaria, mio marito era solito portare con sé un coltello da tasca corto e pesante. Stava sul tavolo al quale sedevamo noi due l'uno di fronte all'altro. L'aveva preso con un gesto tranquillo e se l'era piantato nel petto. Fuori di me mi precipitai in strada, cercando di casa in casa il medico più vicino. A chi mi faceva domande sulla causa dell'incidente avevo risposto che qualcuno era caduto su un coltello. Mentre il medico visitava il ferito che si era accasciato al suolo, privo di sensi, le sue parole e l'espressione del volto manifestavano chiaramente il suo sospetto su chi avesse manovrato il coltello. I dubbi gli rimasero, però in seguito si comportò con molta discrezione e bontà.

Il fatto che la lama si fosse chiusa nel momento in cui il coltello era scivolato dalla mano aveva protetto il cuore, ma nello stesso tempo aveva prodotto una ferita a forma di triangolo che guariva con molta difficoltà.

Non era stata l'unica volta che eravamo stati faccia a faccia con la morte, avendo chiuso con la vita e regolato le nostre faccende col prossimo. Due persone si erano incontrate nello stesso sgomento, unite nella stessa angoscia.

A dire il vero erano ore, momenti che non davano l'esatta dimensione della nostra vita normale. Eravamo infatti uniti dalle stesse disposizioni e dalla stessa mentalità. Ciò viene – mi sembra – spesso sopravvalutato; esse accomunano certamente e donano gioia e solidarietà nel lavoro, ma spesso coprono proprio per questo la diversità, la distanza reciproca in maniera tutt'altro che positiva, impedendo di vederci con maggiore chiarezza, di unirci con maggiore intensità.

Gli interessi scientifici di mio marito erano completamente preclusi alla mia conoscenza e comprensione; ma anche se gli fossi stata vicina in questo come uno dei suoi alunni preferiti, dotato di grande capacità di analisi, ciò non avrebbe toccato le difficoltà delle nostre due nature; le avrebbe anzi spostate solo marginalmente ingannandoci fino al prossimo, irremovibile addio. Le circostanze esterne però ci venivano in aiuto. Mio marito occupava una posizione, all'Istituto di Studi orientali di Gottinga, ricca di lavoro e di interessi. Poiché insegnava prevalentemente a diplomatici o industriali con interessi commerciali in Asia, la sua conoscenza scientifica era solo parzialmente sfruttata. Un suo collega e amico, che dopo aver rinunciato alla cattedra intraprese la carriera diplomatica, deplorava sorridente il fatto che mio marito fosse costretto a conservare la panna migliore in un posto in cui già un sorso di latte era più che sufficiente per fare carriera. Il problema di mio marito era l'opposto: dall'immensa quantità di latte doveva estrarre tutta la panna, in altre parole doveva aggiungere al discorso puramente scientifico quell'elemento che, da esso rafforzato, era destinato a rifluire nella vita; i risultati della ricerca scientifica dovevano essere compresenti negli studi di etnologia e di dialettologia. Per fortuna ebbe alcuni alunni molto bravi, capaci di seguirlo; fra cui Wilhelm Solf, che gli sarebbe rimasto legato per tutta la vita.

Tutto questo faceva parte della sua natura più intima come il respiro stesso; non era un dissidio, aggiuntosi dall'esterno, oppure una sfortuna inevitabile, eppure doveva essergli fatale. Ciò in cui si manifestava la sua maggiore capacità d'iniziativa falliva per l'intransigenza delle sue pretese, la realizzazione delle sue forze più vitali naufragava per l'illimitatezza delle soluzioni individuali possibili. L'assoluto e il relativo si erano fusi al punto da negarsi a vicenda il proprio risultato.

Forse è stato quest'aspetto del suo carattere e della sua volontà per cui tutta la sua figura riusciva a sprigionare una forza irresistibile. Forse la sua latente tragicità si manifestava nell'espressione con cui riusciva a conquistare gli altri, simile allo sconvolgimento da parte del più reale e insieme irrealizzabile.

Fin dall'inizio mi adattai quindi con la massima naturalezza al modo di vita che sembrava necessario per la realizzazione delle sue mete. Ero anche disposta a lasciare l'Europa quando, in un primo momento, sembrava che lui dovesse trasferirsi al confine fra la Persia e l'Armenia, nella zona dei monasteri di Etschmiadzin. Anche il nostro ritmo di vita era determinato in misura crescente da mio marito: nella semplicità del vestiario e del cibo e nell'irrefrenabile bisogno d'aria divenni come lui; malgrado le mie abitudini nordiche, mi convertii alle sue abitudini e rimasi loro fedele per tutta la vita. C'era poi un ambito che ci era congeniale fin dall'inizio, aprendoci le stesse possibilità: *il mondo animale*. Questo mondo del non-ancora-umano che ci commuove tanto perché percepiamo che ci dischiude le fondamenta della nostra esistenza, nelle sue manifestazioni primitive, e che siamo incapaci di ritrovare nella complessità della condizione umana. Mentre nei confronti di ogni singolo animale il nostro atteggiamento rivelava una sostanziale identità di vedute, era generalmente diverso nei confronti degli uomini.

Contrariamente alla combattività dell'impegno materiale di mio marito nei confronti dei suoi obiettivi fondamentali, la mia capacità di adattamento era resa possibile dalla mancanza d'ambizione e di finalità. Non sarei nemmeno stata in grado di dire quali erano le mie necessità definitive e sostanziali, forse soprattutto perché, per essere realizzate, non avrebbero avuto bisogno della mia cura e attenzione; mi pareva anzi che qualsiasi impresa messa in moto, se era iniziata come doveva, non poteva che condurre al centro del proprio essere. Vi si aggiungeva però la segreta rassegnazione che, in qualsiasi modo mi comportassi, non avrei avuto più niente da perdere nel vero senso della parola. La differenza fra il mio comportamento di prima e quello successivo, e non solo nei confronti del mio compagno di gioventù ma nei confronti di tutte le persone che una volta ci avevano circondato, consisteva nel fatto che conoscere la strada che avremmo percorso insieme mi sembrava allora una domanda innocua, a cui era possibile dare una risposta spirituale, mentre in un secondo tempo il problema si era spostato verso una posizione di insolubile e indelegabile responsabilità.

Ciò mi portò a una crescente autonomia nel lavoro intellettuale, che rappresentava un ambito a sé, un'occasione per realizzare la desiderata e impegnata solitudine; non sfiorava la vita in comune né la connessa problematica. Tutto quello che si chiama logorio reciproco nel rapporto a due non si verificava fra noi. Perciò gli anni, alla fine quattro decenni, non portavano allo scambio reciproco, ma non significavano nemmeno una diminuzione di tutto ciò che ognuno creava da sé. Anche da vecchia comunicavo solo raramente i miei problemi importanti a mio marito, e la *distanza* era tale come se, per raggiungerlo, fossi dovuta partire dal Giappone o dall'Australia.

Una piena spiegazione intellegibile di queste cose non è possibile, eppure sarebbe un equivoco se si volesse solo comprendere la distanza che addirittura aumentava nel corso degli anni. Un piccolo episodio dall'ultimo anno di vita di mio marito ne può dare prova. In quel tardo autunno ero stata per circa sei settimane all'ospedale e siccome, dalle quattro in poi, ero solita dedicarmi alle mie ricerche psicoanalitiche, mio marito aveva ottenuto il permesso di venirmi a trovare già prima delle tre: il tempo a nostra disposizione era dunque limitato. Trovarci seduti in questo modo, l'uno di fronte all'altro, ci era parsa una cosa completamente nuova, perché non conoscevamo affatto le solite serate in famiglia all'intimo chiarore della lampada. Noi, che durante le passeggiate preferivamo correre indisturbati, vivevamo una situazione del tutto insolita e incantevole. Bisognava ingannare i minuti, allungare il tempo, come nel periodo di guerra bisognava far bastare il pane col quale nutrirci. Ogni incontro era come fra due persone tornate da lontano dopo tanto tempo; il paragone ci venne spontaneo e stendeva una sottile serenità sulla ricchezza di queste ore. Quando finalmente tornai a casa, le ore passate in ospedale continuavano ad essere presenti e non solo fra le tre e le quattro del pomeriggio.

Fra le persone dei circoli letterari e politici di quell'epoca, incontrammo, dopo il nostro matrimonio, un uomo che ci colpì e piacque particolarmente a entrambi. In un primo momento non feci caso al suo nome, come spesso accade, e viceversa. Quando fu fatto il mio nome un'altra volta, mi accorsi di come lui guardasse con molta attenzione le mie mani. Stavo per chiedergli che cosa stesse fissando, quando a sua volta mi chiese in tono brusco: «Perché non porta la fede?». Ridendo gli raccontai che ci eravamo dimenticati di procurarci gli anelli e poi li avevamo lasciati perdere. Ma il suo tono non mutò, mi apostrofò addirittura con severità: «Si devono portare, invece». Nello stesso momento qualcuno gli chiese con tono scherzoso come aveva passato le vacanze estive a Plötzensee, dove aveva appena scontato la pena per il delitto di lesa maestà.

Non poté fare a meno di divertirmi che proprio dalla sua bocca era partito un rimprovero così austero nei miei confronti, ma lui rimase di malumore, contrariamente all'animata loquacità precedente.

Più tardi facemmo amicizia e dopo qualche settimana, al ritorno da un comizio dove eravamo andati insieme, mi confessò il suo amore, accompagnato da parole a me inconcepibili con cui sembrava quasi scusarsi: «Lei non è una donna. È ancora una ragazza».

In me lo spavento per questa inimmaginabile conoscenza prevalse su tutto il resto, e non solo in quell'attimo; in senso generale non riuscii a formarmi un'opinione su quell'uomo. Non è escluso che i miei sentimenti lo favorissero, ma, per quanto ci potesse essere stato un pur inconsapevole coinvolgimento da parte mia, esso sarebbe stato represso da un secondo, non minore, spavento che forse era addirittura più forte di quello che può accadere alla più virtuosa moglie che all'improvviso si innamora di un altro. Poiché, in confronto all'indissolubilità insita nell'essere e nella natura di mio marito, che escludeva ogni separazione, il vincolo sacramentale o giuridico mi sembrava del tutto insignificante.

Nel giro di poco tempo anche queste *angosce* furono vinte, angosce per le quali eravamo già passati prima del nostro fidanzamento, prima della «promessa solenne». Gli stati di agitazione di mio marito, che non rimase cieco eppure finse di preferire la cecità, volendo prendere l'altro solo a coltellate senza parlargli, dominavano la situazione. E da qui per me nascevano altri e diversi desideri di quelli dell'innamorata nei confronti dell'amato: avevo bisogno di rifugiarmi da lui per liberarmi da quei terrori che mi rendevano impotente e che riempivano le nostre giornate e le nostre notti di sofferenze indicibili. L'amico si prodigava ad aiutarmi nelle sempre più rare ore passate insieme, dimostrandomi un'incondizionata amicizia e nobiltà d'animo; mi salvò da un'insopportabile solitudine e questo lo rende per me indimenticabile. Ma non si fermò lì: le eccitazioni e i timori che sfogava in mia presenza lo facevano arrivare a degli eccessi che tormentavano e assillavano la mia ferita come una seconda violenza subita.

Quanto sia stato simile a mio marito, anche nell'odio, l'ho capito dopo più di vent'anni. Preoccupatissima per la difficile situazione politica dei miei parenti in Russia, gli chiesi consiglio e aiuto in una breve lettera. Riconobbe la mia calligrafia dall'intestazione e dall'aggiunta «membro del Parlamento». La lettera tornò indietro con l'annotazione postale: respinto dal mittente.

La fine di quella relazione era stata il mio cedimento di fronte alle richieste di mio marito di non rivederlo più.

Ma questo passo si ripercosse sul nostro matrimonio rendendo la continuazione del legame, qual era stato fino ad allora, del tutto impossibile. Il divorzio era anche adesso fuori discussione e mio marito lo rifiutava in modo totale, non sulla base di una speranza per il futuro né degli equivoci del passato, che avrebbero potuto essere ancora corretti in qualche misura, ma piuttosto sulla base di un vincolo irrevocabilmente reale, di un esistente irrefutabile malgrado tutto. Per questo mi rimarrà per sempre impresso l'attimo in cui mi disse: «Non posso cessare di sapere che tu sei mia moglie».

Dopo mesi di dolorosa convivenza e di separazioni temporanee, che aiutavano a evitare la solitudine in due, il nuovo punto di vista era stato fissato. Esteriormente non cambiava niente, interiormente tutto. In questi anni facevo molti viaggi.

Una volta, in un'ora di sconforto, avevo chiesto a mio marito: «Posso dirti ciò che mi è successo nel frattempo?». Senza esitazione e senza lasciare spazio per pronunciare un'altra parola, aveva risposto: «No!». Così un silenzio assoluto, che non abbiamo mai più rotto, era calato su di noi e sulla nostra vita in comune.

Nonostante il carattere peculiare di mio marito, quest'episodio deve aver evidenziato una caratteristica maschile generale. Anni dopo, un amico che per ragioni insignificanti non vedevo da molto tempo, mi rispose nello stesso modo. Equivocando sulla ragione di quest'impossibilità, alla mia proposta di spiegargliene il perché rispose con un «no» deciso. «Non lo voglio sapere».

La nostra abituale riservatezza nella vita sociale poteva aver dato luogo a pettegolezzi di cui eravamo ignari; forse si riteneva, adottando il solito atteggiamento di superficialità, che mio marito mi avesse tradito o viceversa. Infatti chi poteva immaginare che, in ogni periodo della mia vita, io desiderassi che mio marito avesse una moglie o la più affezionata, brava e bella delle amanti? Il nostro silenzio avrebbe solo potuto nascondere in parte il corso degli avvenimenti; nel mio desiderio, non cessai mai di accompagnarlo.

Quanto a me, le lotte e le sofferenze precedenti, che avevano violentato una nascente bramosia, hanno addirittura favorito il sorgere dell'amore in una sorta di grande quiete e naturalezza.

Esente da sentimenti di rivalsa o di colpa, era arrivato come una benedizione che rende il mondo perfetto e non solo individualmente, ma esplica la perfezione del mondo come tale.

È inutile tentare di paragonare per questa ragione la grandezza e la durata delle vere passioni; indipendentemente dal fatto se siano destinate a durare un'intera vita, inserendosi per sempre in un contesto pratico, oppure se siano ripetibili. Il primo tipo di passione, concepibile come un accadimento al di là di ogni comprensione razionale, ci rende consapevoli della propria insufficienza poiché in essa si manifestano tutti i tratti soggettivi e obiettivi dell'amore. In verità sappiamo tanto poco del segreto di ogni amore proprio perché siamo costretti a delimitarne la comprensione all'ambito meramente personale. Tutta la partecipazione della nostra traboccante umanità, come anche della nostra sovrumanità a cui anela la passione, si confonde in tentativi di valutazione e di giudizio di ciò che mai cuore umano ha svelato all'intelletto.

Alla ragione non resta quindi che sforzarsi di compenetrare le oscure motrici dei processi fisici, esposti in questo modo a qualsiasi banalizzazione. Non vi è infatti un'analogia con il pane e il vino del sacramento che attinge al corpo per esistere? Indipendentemente dallo stato di crescente commozione psichica di entrambi, l'uomo amato rimane il prete in pianeta, indigente presago di ciò che sta celebrando.

Mio marito ebbe la cattedra a Gottinga tardi, ma esercitò la sua professione ancora per più di un ventennio. Quando ricevette il titolo non cambiò molto, poiché il gruppo di studenti e colleghi stranieri che lavoravano con lui non lo abbandonarono. Una volta sembrava che gli dovesse essere assegnata la cattedra a Berlino, ma questo progetto fallì perché mio marito avrebbe dovuto terminare uno studio, in via di pubblicazione, in minor tempo di quello che gli sembrava opportuno. La necessità di pubblicare i risultati delle sue ricerche di solito lo irritava molto, nonostante la soddisfazione che ricavava dalla sua attività. Soleva ascrivere ad esempio a ostacoli esterni la responsabilità per aver rimandato le conclusioni di certi lavori. Tra le altre cose nacque un odio quasi smisurato nei confronti dell'oste di una birreria di fronte casa nostra, perché il rumore del giradischi, sebbene spesso solo debolissimo, giungeva fino a noi. Molte volte pensavo alla battuta del suo più anziano amico e collega, il professor Hoffmann, di Kiel che, venutoci a trovare poco dopo il nostro matrimonio, asserì: «Se Andreas fosse minacciato da un'immediata esecuzione capitale, riuscirebbe forse a portare a termine le sue pubblicazioni; ma forse non vi riuscirebbe nemmeno allora perché dovrebbe prima giustiziare se stesso». Ogni conclusione infatti significa anche la rinuncia alla completezza da cui siamo penetrati totalmente fin nelle più riposte fibre dell'animo.

A questo riguardo mi si risveglia il ricordo del suo atteggiamento nei confronti dei tedeschi durante la Prima Guerra Mondiale: al di là di ogni nazionalismo, c'era un insieme di entusiasmo e di freddezza, un trasporto verso il potenziale di esaltazione liberata e l'inaudita efficacia nell'esecuzione dei dettagli, che non tralasciava niente e niente stimava troppo insignificante. La sua ammirazione acuì la perplessità di come le due cose riuscissero a stimolarsi a vicenda, anziché ostacolarsi di continuo.

Infatti questa sua caratteristica non era espressione di un insuperabile dissidio interiore, quanto piuttosto della sua stessa natura, che diveniva il luogo d'azione in cui i suoi due mondi dovevano inesorabilmente scontrarsi. E l'esperienza più amara, semmai si fosse avverata, sarebbe stata il tentativo di colmare artificialmente, nonostante l'apparente ambiguità, tale frattura, sacrificando l'uno all'altro. Si sarebbe distrutto se avesse lavorato anche una sola volta per scopi immediatamente utilitaristici, invece di sottomettere di continuo al rigore scientifico tutto ciò che in lui anelava alla completezza più ampia possibile.

Non si può dimenticare del resto, nonostante l'impedimento che da tale peculiarità gli derivò, che proprio per questo visse una gioventù indescrivibilmente ricca e stimolante. La dimensione del suo lavoro era in qualche modo utopica, rivolta a un futuro sottratto al significato meramente temporale: in questo consisté il privilegio e al contempo la condanna del suo destino. Infatti passava da stati di perplessità, di irrequietezza, di esaurimento a stati di inattività spensierata, che ringiovanivano l'espressione più intima del suo essere, dotandolo di una forza che non mi è mai capitato di riscontrare in altri. Anche la vecchiaia non riuscì a togliergli questa protratta giovanilità, sebbene le sue spalle si curvassero e il suo udito si indebolisse e malgrado il cerchio bluastro che si era venuto formando intorno ai suoi occhi: sembrava anzi che esso conferisse loro una maggiore incisività come se, per farli risplendere, il colore scuro non bastasse più.

La sua spiritualità, i suoi conflitti mi erano sempre presenti, ma mai ne abbiamo parlato. Due volte, credo, nel corso di tanti anni, vennero sfiorati. Quest'atteggiamento di un certo distacco dall'altro ci è sempre rimasto peculiare; del resto il nostro rapporto non subì i soliti cambiamenti o sviluppi: conservammo un fondamento di semplicità e d'immutabilità. Vi contribuì la mia attività in fondo silenziosa, poiché la partecipazione al destino altrui non era adatta alla comunicazione; inoltre ogni forte distrazione nuoceva a mio marito. La completa libertà con cui ciascuno seguiva i propri problemi ci costituiva, al contempo, una consapevole base comune, un legame, destinato a conservarsi per sempre. Forse si potrebbe dire che il semplice rispetto reciproco a cui eravamo arrivati dava a ciascuno un senso di possesso e di sicurezza. In effetti, anche quando era completamente preso dal suo lavoro, mio marito conservò un mirabile fiuto per una sola cosa, se cioè l'altro continuava a percorrere il suo cammino con serenità e gioia.

Mi è rimasto profondamente impresso un episodio che potrebbe dimostrarlo. In via del tutto eccezionale, perché dall'inizio della mia attività psicoanalitica avevo rinunciato a tutte le abitudini precedenti, avevo iniziato a scrivere un racconto; e la troppa concentrazione che le due attività diverse mi richiedevano mi fece immergere completamente nel lavoro. Più tardi, presa da una sorta di rimorso, dissi ridendo a mio marito che per tutto questo tempo ero stata certamente inutilizzabile e insopportabile! E con un volto raggiante che non si può dimenticare, mio marito rispose quasi gioendo: «Sei stata così felice!».

La partecipazione d'altri alla propria gioia è più di un esempio di bontà, per quanto possa essere compresente. La capacità di gioire con l'altro, questo tratto più spiccato della sua umanità, significava per lui comprendere l'altro come pari a lui, comprendere il sostrato comune di entrambi. Acquistò perciò un'espressione convincente ed indelebile: quella cioè della realtà percepita. E tuttora, malgrado la sua morte di cui non si è mai occupato e che anzi sembrava non esistere per lui, quest'espressione trova la sua continuazione in me: ogni volta che comprendo profondamente me stessa incontro questa partecipazione d'altri. Forse egli direbbe che nonostante tutto aveva avuto ragione per quanto riguardava noi due. Forse la sua espressione di allora mi travolse proprio perché aveva la sua origine in un'ultima verità.

Non lo so. Perdonami; ma non lo so. Vi sono però dei momenti di una tale serenità in cui sembra che essi lo sappiano per me. Così vissi il tuo ricordo non come passato, ma come un incontro a venire. Le esequie divennero un'esperienza di vita.

Postilla all'edizione tedesca

Lou Andreas-Salomé ha scritto il *Grundriss* come soleva chiamare la sua autobiografia, negli anni 1931 e 1932, cioè quando aveva ormai settant'anni. Singole parti sono state concepite o modificate anche più tardi. Nella prefazione di questi primi dieci capitoli si trova la seguente indicazione: «Abbozzo di alcuni ricordi. Solo di alcuni perché gli altri si sono conservati il diritto alla solitudine». Quello che intendeva dire lo si può dedurre dalla stesura di un'aggiunta, nel 1933, intitolata appunto: *Aggiunta 1933*. Sebbene, secondo il titolo, quest'aggiunta contenga tutte le parti mancanti, in verità non è così. Infatti, se completa in certo qual modo il capitolo scritto per la memoria di F.C. Andreas, confessando il segreto del loro matrimonio, lascia però incompleto il capitolo *Con Rainer Maria Rilke*, che continua a tacere l'impegno personale e originario del loro incontro. Solo un'aggiunta dell'anno seguente, cioè del 1934, annulla la solitudine anche di questo incontro, dispiegando la vera portata dell'esperienza rilkiana.

Se in genere per esperienza si intende la conoscenza intima di una situazione soggettiva, nell'autobiografia di Lou Andreas-Salomé questa parola assume il significato opposto, in quanto il soggetto non è che il punto di partenza necessario per designare le fondamenta che costituiscono questa vita particolare e che, nel contempo, si costituiscono come una entità infinitamente più grande della singola vita. Soprattutto l'esperienza primaria in ogni senso, «l'esperienza di Dio», evidenzia a sufficienza ciò che qui si intende per «esperienza»: solo l'integrazione di tutta la vita permette a colui che l'ha vissuta di coglierne l'intera portata. E solo lo sguardo retrospettivo e distaccato della vecchiaia permise a Lou Andreas-Salomé di comprenderla appieno, cogliendo in essa la graduale profondità tesa al recupero delle origini: da questa contemplazione, che per lei significava quasi una specie di concepimento, emersero esperienze dopo esperienze, permettendo all'autrice di dispiegarsi nella sua interezza. Un semplice dominio distaccato dall'ampiezza della vita, ricca di incontri umani, di esperienze emotive e di conoscenze, non sarebbe bastato per rappresentarla.

Essere arrivata all'identificazione di questa visione della vita, che tendeva a coglierne le origini per mezzo delle varie esperienze, era senz'altro una grazia particolare concessale nella sua vecchiaia avanzata. Quasi che i ricordi, anche i più remoti, liberatisi come onde dalla profondità della psiche, si frangessero contro la sponda di questa vecchiaia completandosi e ricongiungendosi a colei che li aveva vissuti (di cui lei si era, per così dire, dimenticata). Così tutto l'essenziale, al di là della visione retrospettiva della vecchiaia, era presente alla memoria come il primo giorno in cui era stato vissuto, ora unito in un unico presente.

È quasi superfluo dire che vivere la vita in questo modo è di natura religiosa, intendendo quest'espressione nella sua accezione più ampia come esperienza di una totale predestinazione dall'ultima provenienza. Un'osservazione, fatta da Lou Andreas-Salomé nella sua vecchiaia, evidenzia come anche la sfera emozionale per così dire quotidiana ne fosse determinata: «Qualunque cosa mi accada, non perdo mai la certezza che dietro a me ci siano delle braccia, tese ad accogliermi».

L'autobiografia di Lou non è quindi tanto il risultato di una ragione applicata a conoscere se stessa, quanto piuttosto la composizione di una vita che si crea da sé, accolta poi da una coscienza riflessiva. Un'autobiografia del tutto particolare, il cui significato complessivo si dischiude al lettore solo dallo sguardo retrospettivo sul tutto, a partire cioè dal presagio dell'esperienza singola fino alla comprensione globale del tutto.

Invece della consueta immagine dolce e nel contempo arcana della prima infanzia, le memorie di Lou Andreas-Salomé iniziano con il tema decisivo dell'esperienza di Dio (titolo dal quale ci si aspetterebbe piuttosto un resoconto dell'intera vita). Ma nello stesso modo in cui l'esperienza e la perdita di Dio sono più di un semplice ricordo dell'infanzia, anche l'esperienza d'amore è altro dal semplice primo grande amore. E come la sagoma invisibile della perduta immagine divina conferisce a questa vita una misura valida per tutta la sua durata, così l'amore della ragazza per Gillot diviene un progetto, valido per ogni altro rapporto. Sebbene in modo incompleto e qualche volta allusivo, si può scorgere questa matrice impressa su ogni altra esperienza. Si avverte il riflesso dell'invisibile anche nell'amicizia incondizionata per Paul Rée, nell'indissolubilità e insieme nella limitazione della vita comune con Friedrich Carl Andreas. Anche nella completezza dell'amore con Rilke lo si percepisce, proprio per il fatto che il «reale» non sia potuto durare nella realtà.

Al di là della sfera personale (Gillot-Rée-Andreas-Rilke), il suo riflesso più forte si scorge laddove meno si sospetterebbe di trovarlo: nella rappresentazione dell'incontro con la psicoanalisi, nella *Conoscenza di Freud*, vale a dire nella felice accettazione delle scoperte e delle doti naturali, affatto spirituali, di un «razionalista nato». Per rimanere nell'immagine si può asserire che è a questo punto che la sagoma dell'invisibile, che dapprima era come tracciata nel cielo, scende per perfezionarsi fino a comprendere gli angoli più oscuri della terra. Bisogna richiamarlo alla memoria un'altra volta: si tratta di una sagoma divina che si è fatta invisibile, che con la sua scomparsa determina in modo decisivo ogni esperienza. Si è tentati di chiedersi se una sagoma visibile di Dio e una fede reale avrebbero potuto fare ciò che è riuscito a fare un'assenza.

Al posto di un'interpretazione metaforica delle particolarità dell'autobiografia di Lou Andreas-Salomé, si potrebbe anche tentare un'esegesi immediatamente filosofica. Queste memorie infatti non sono solo un documento religioso, ma anche un documento filosofico che bisogna imparare a leggere in questa sua peculiarità. Una tale impostazione si vedrebbe però subito confutata dal fatto che Lou Andreas-Salomé adopera i concetti basilari della rappresentazione della sua vita, cioè *Erlebnis* e *Grundriss* in modo non filosofico e cerca volutamente di non contaminare questa rappresentazione di rigore categoriale o sistematico. Senza esitazione Lou accolse la parola logora *Erlebnis*, e quando questa parola cominciò un po' per volta ad assumere nel contesto un significato particolare, opposto al significato d'uso ormai estremamente restrittivo, non se ne preoccupò affatto. E solo per il lettore attento può essere importante rilevare che la critica nei confronti di tale concetto, tendente a una sua delimitazione nella sfera del dominio soggettivo, non copre il suo significato contestuale. Ancora più rilevante dell'uso della parola *Erlebnis* è l'assoluta noncuranza filosofica con la quale si adotta un termine filosoficamente così importante quale *Grundriss*. Inizialmente stava a indicare che è nel momento stesso in cui si descrivono certi ricordi che bisogna recuperarne il loro fondo più remoto. Se poi il senso del termine *Grundriss* si imprimerà nella mente del lettore a tal punto da essere inteso come «abbozzo, teso a tracciare le fondamenta» della vita, rivelando così la relazione esistente con *Erlebnis*, non dimenticherà il carattere originale puramente indicativo di questo termine ravvisando in questo un avvertimento contro ogni delimitazione concettuale troppo restrittiva del pensiero di Lou Andreas-Salomé. Infatti una Weltanschauung compiuta e saldamente ancorata a un ineccepibile rigore filosofico non avrebbe mai permesso a Lou Andreas-Salomé di rappresentare allo stesso tempo la verità della sua vita e la verità della vita in genere, senza tradire il segreto di ciò che la vita le aveva offerto come dono. La disinvoltura nei confronti di concetti ben definiti si evidenzia chiaramente anche nella forma da lei data alle singole esperienze, forma che viene determinata da esse stesse. In maniera succinta vi si trova la «contemplazione di fondo» (*L'esperienza di Dio*), accanto al «trattato didattico» (*La conoscenza di Freud*), affiancata dalla semplice «relazione biografica» (*In mezzo agli uomini*).

Riguardo al presente testo dell'autobiografia di Lou Andreas-Salomé, si devono fare due precisazioni. La prima si riferisce alla sua estensione. Quest'edizione integra nell'originale l'*Aggiunta 1933*, completa il capitolo su Rilke per mezzo della stesura posteriore *Aggiunta 1934* e aggiunge al capitolo su Freud le *Reminiscenze freudiane*. I due ultimi capitoli sono tratti da manoscritti in cui lo sguardo retrospettivo dell'autobiografia si colloca nell'illimitata pianura al di là della sponda della vecchiaia. Il tono di una festa di vita quasi mistica li distacca dall'impianto delle parti restanti. Sembrava opportuno inserire le reminiscenze freudiane perché il carattere personale del loro incontro (che non era solo un incontro con la psicoanalisi) doveva essere necessariamente limitato nel capitolo *La conoscenza di Freud*. E il capitolo *Aggiunta 1934* completa la descrizione dell'incontro con Rilke. Vi fu aggiunto più tardi solo perché in un primo momento non voleva rinunciare al suo diritto alla solitudine. Sembra che l'impostazione dell'autobiografia escludesse questo resoconto intimo in un primo tempo. E solo nel momento in cui Lou Andreas-Salomé non scriveva più per un lettore, trovando nella rievocazione orale che era anche un addio, un interlocutore paziente, riuscì a dare forma a questo ricordo. Comunicò l'esperienza intima e al contempo riuscì a proteggere l'esperienza proprio per mezzo della forma che le aveva dato.

La seconda osservazione riguarda lo stile di queste aggiunte, cioè lo stile della sua vecchiaia. L'aggiunta dei capitoli posteriori permette di individuare facilmente lo sviluppo dallo stile chiaro e univoco della giovane Lou, allo stile della vecchiaia che sembra così fluido ma risulta essere la combinazione dell'incastro stranamente indifferibile di elementi più disparati. A proposito del suo «scrivere» (che le piaceva anche come movimento), Lou osservò una volta che aveva avuto sempre molta fretta di arrivare all'essenziale. Questa fretta (non frettolosità) si scorge già nello stile degli anni giovanili, e precisamente nella disponibilità del susseguirsi sintattico e linguistico di portare avanti i pensieri come di corsa. Con questo già si classifica il linguaggio che usa, quasi un linguaggio parlato, caratterizzato dall'appiglio personale dell'autrice. Per quanto lo stile della vecchiaia si distacchi dallo stile anteriore per la sua pienezza espressiva, si avverte ugualmente che si tratta di una lingua parlata che percorre le varie tappe con gioiosa fretta per raggiungere l'essenziale.

Anche il gioioso affrettarsi verso l'essenziale, il parlare in direzione di qualcosa si è conservato come caratteristica di questo stile. Poiché la vecchiaia qui significa pienezza di movimento, non fossilizzazione, una pienezza che non si esaurisce nell'espressione ma che, oltrepassandola arricchita, si arricchisce. E così la fretta verso una meta non è che un movimento nella sovrabbondanza dell'essere. Tale ricchezza si rivela in particolar modo in quei passi che, contrapponendosi nella loro semplice narrazione a quei fatti determinati involontariamente dalla riflessione, la rendono trasparente per lo splendore, la serenità o la tristezza dello sguardo che si posa su questi ricordi. Ma innanzitutto è il movimento riflessivo a palesare questa ricchezza. Lo stile personale raggiunge un limite che è opposto a quello designato da formule stereotipate. Come caratteristica generale di questo stile della vecchiaia, si potrebbe assumere la tendenza a un'abbreviazione sintetica cifrata, che mira alla comunicazione dell'essenziale, per cui l'occhio, di fronte al quale d'improvviso si dispiega il senso, percorre la formulazione linguistica che deve a sua volta cercare di tenergli dietro. Così capitoli come *Reminiscenze freudiane* acquistano la loro giustificazione non più dalla norma linguistica, ma dallo stile personale. In ogni modo lo stile della vecchiaia è determinato completamente da un'identificazione con l'oggetto, non più dalla presenza di un interlocutore.

Alla fine dell'*Aggiunta 1933*, si trova un'annotazione a matita del novembre 1934: «Tutto questo è stato scritto in fretta, per via degli occhi che non sanno aspettare». Per lo stesso motivo, Lou Andreas-Salomé non ha più corretto le bozze per la pubblicazione. Infatti il curatore doveva solo accertarsi o paragonare alcune dizioni che sembravano confuse, recuperandone il significato originario senza violentarle.

Per giustificare il metodo seguito nella correzione del testo prima della stampa, bisogna aggiungere una presa di posizione personale a questi dati.

Già nel 1934, circa due anni e mezzo prima di morire, Lou Andreas-Salomé mi aveva lasciato in dono tutte le sue opere postume perché potessi disporvi liberamente. L'essenziale per lei era questa cessione. Secondo il suo esplicito desiderio, avrei dovuto occuparmi di tutti i problemi riguardanti la cura delle opere, dalla revisione di singoli testi fino alla decisione di pubblicarne alcuni. La comune revisione e discussione del manoscritto della sua autobiografia hanno determinato l'indicazione di fondo per una revisione critica da parte mia.

Nell'estate del 1935, quando la sua vita sembrava immediatamente minacciata da un'operazione a cui doveva sottoporsi, Lou Andreas-Salomé si è congedata dai due amici della sua vecchiaia, cioè Josef König e me. Il tempo che le restò da vivere dopo, lo considerò come un dono aggiunto. Ciò che disse a noi due al momento dell'addio: «Va tutto, tutto bene», espresso retrospettivamente sulla vita e sull'esistenza in genere, come somma conoscenza, è rimasta per noi la sua parola d'addio. Sapeva di dover morire ancor prima che se ne manifestassero i sintomi. Nella sua ultima settimana di vita ci riceveva quasi ogni giorno per poche ore di visita. Della sua autobiografia osservò una volta che «vi si sarebbero incontrati degli uomini». Si fece leggere ancora alcuni capitoli: «Vorrei sapere come l'ho fatto allora», e: «Sì, così lo direi ancora oggi». Quando iniziavo a leggerle alcune parti soleva dire: «Mi sento tanto lontana», per parlare subito dopo con chiarezza e cognizione di causa. In questo stato d'animo, consapevolmente assorto e stranamente lucido, le venne anche l'idea del distacco di fronte a se stessa: «In fondo ho lavorato per tutta la vita, ho lavorato sodo, ma perché, a quale scopo?». Non dubitava del senso di questo lavoro intellettuale, ma la domanda conteneva piuttosto lo stupore della sua incapacità a sciogliere l'enigma. Poco prima di morire, già prossima all'ondata dell'ultimo riposo che l'avrebbe travolta da lì a poco, con gli occhi chiusi, ma per il resto sdraiata come al solito sul suo letto, si fece raccontare eventi quotidiani godendone come di piccoli pezzi di vita. A un certo punto mi interruppe dicendo: «Se lascio libero corso ai miei pensieri non trovo nessun uomo; solo (e questo era senz'altro aggiunto per noi), solo voi siete qui». E ancora: «La cosa migliore resta la morte».

Lou Andreas-Salomé è morta la sera del 5 febbraio 1937 di uremia, all'età di quasi settantasei anni nella sua casa di Gottinga. Il suo desiderio di essere sepolta, dopo la cremazione, nel giardino della sua casa non poté essere esaudito. La sua urna è stata deposta nella tomba di suo marito nel cimitero municipale di Gottinga.

Gottinga, agosto 1951 *Ernst Pfeiffer*

Postilla alla nuova edizione

Nel 1951, quattordici anni dopo la sua morte, è stata pubblicata l'autobiografia di Lou Andreas-Salomé dalla casa editrice Max Niehans di Zurigo e dalla casa editrice Insel di Wiesbaden. Quindici anni più tardi appare la seconda edizione della Insel di Francoforte sul Meno. La casa editrice Max Niehans non esiste più.

Chi legge questo libro dopo quindici anni può rendersi conto del tranquillo lavorio del tempo, che non si esaurisce nella constatazione di quanto esso abbia retto al tempo. L'autobiografia è stata la prima delle opere postume di Lou Andreas-Salomé ad essere pubblicata. Nel frattempo sono seguiti il carteggio con Rilke, il suo diario *A scuola da Freud* e il suo carteggio con lo psicoanalista austriaco. Le osservazioni riguardanti Rilke e Freud nell'autobiografia acquistano quindi un maggiore interesse critico proprio perché ormai le pubblicazioni documentarie esistono.

Anche nel testo stesso sono stati apportati dei cambiamenti. La nuova edizione non contiene lo stesso testo di quella del 1951, eppure non è meno autentica.

Alcuni anni fa il curatore è venuto in possesso di un secondo manoscritto dell'autobiografia. Consiste di fogli dattiloscritti corretti e ampliati, e di fogli scritti a penna o a matita in parte allo stato d'abbozzo, in parte completati già con cura critica. Il tutto corrisponde all'incirca al manoscritto precedente, senza contenere il capitolo *Aggiunta 1933* ed è stato legato in modo provvisorio da Lou Andreas-Salomé. Questo manoscritto di lavoro, che porta visibilmente i segni di una continua riflessione e di una nuova ricerca espressiva, era probabilmente destinato a fornire il modello di stampa per il libro, dopo essere stato ricopiato tutto.

Ma mentre lo stava ricopiando, Lou Andreas-Salomé ha continuato a lavorarci, sostituendo alcuni fogli dattiloscritti con nuovi fogli scritti a mano, ha aggiunto o cancellato qualcosa e tutto questo senza consultare il suo vecchio manoscritto e le sue varie stesure. In questa forma, il manoscritto, non più totalmente rivisto, ma considerato compiuto da Lou Andreas-Salomé, ha fornito il modello per l'edizione del 1951. I due manoscritti non sono quindi due versioni diverse dell'autobiografia, neanche due fasi di lavoro distaccate, ma la testimonianza di un unico processo lavorativo.

Non esiste distanza temporale fra i due manoscritti. La maggior parte delle annotazioni sono state eseguite dopo la morte di F.C. Andreas. Il capitolo *F.C. Andreas*, l'ultimo del vecchio manoscritto, è datato 1931. Solo nel 1933 segue l'*Aggiunta 1933*, nel 1934 e 1936 i due capitoli *Aggiunta 1934* e *Reminiscenze freudiane*. Questi tre capitoli si distaccano, stilisticamente e nel contenuto, dal resto dell'autobiografia. La reminiscenza rilkiana è scritta come se il capitolo *Con Rainer Maria Rilke* non esistesse, lo stesso dicasi per la relazione fra *Aggiunta 1933* e il capitolo *F.C. Andreas*.

Il testo precedente aveva posto il curatore di fronte a difficoltà non indifferenti. Siccome Lou Andreas-Salomé preferiva riscrivere un pensiero piuttosto che correggere la sua stesura precedente, poteva facilmente avvenire di perdere di vista altri particolari che erano già stati formulati in modo più succinto. Avvenimenti casuali di ogni genere erano causa di ulteriori difficoltà che imponevano di consultare tutte le stesure esistenti per una maggiore chiarificazione. Ma le libertà di movimento che con ciò si erano aperte a un nuovo modello di stampa erano ugualmente limitate: bisognava solo accentuare e chiarire ulteriormente le osservazioni finali di ogni capitolo ricorrendo per questo alle sue formulazioni anteriori. Gli errori e gli equivoci in cui il curatore è incorso nella prima edizione vengono con ciò eliminati. Questa prefazione è stata scritta per la seconda edizione. Resta immutata la postilla della prima edizione, comunque sia.

Gottinga, ottobre 1967 *Ernst Pfeiffer*

Indice

Finito di stampare
nel mese di luglio 2025
presso Rotomail Italia S.p.A. – Vignate (MI)